PHILOLOGISCHE STUDIEN UND QUELLEN

Herausgegeben von

Wolfgang Binder und Hugo Moser

Heft 63

Friedrich Spee

Die anonymen geistlichen Lieder
vor 1623

Mit einer Einleitung herausgegeben von
Michael Härting

Unter Mitarbeit von
Theo G. M. van Oorschot

ERICH SCHMIDT VERLAG

CIP-Kurztitelaufnahme der Deutschen Bibliothek

Spee, Friedrich:
Die anonymen geistlichen Lieder vor 1623 [sech-
zehnhundertdreiundzwanzig] / Friedrich Spee.
Mit e. Einl. hrsg. von Michael Härting. Unter
Mitarb. von Theo G. M. van Oorschot. — Berlin :
E. Schmidt, 1979.

(Philologische Studien und Quellen ; H. 63)
ISBN 3-503-00594-3

ISBN 3 503 00594 3
© Erich Schmidt Verlag, Berlin 1979
Druck: Lengericher Handelsdruckerei, Lengerich (Westf.)
Gedruckt mit Unterstützung der Deutschen Forschungsgemeinschaft
Printed in Germany · Nachdruck verboten

Vorwort

Im Entstehungsprozeß einer eigenständigen Literatur deutscher Sprache zu Beginn des 17. Jahrhunderts kann die Lieddichtung des rheinischen Jesuiten Friedrich Spee einen nicht unbedeutenden Rang beanspruchen. Bekannt und anerkannt sind die Lieder der *Trutz-Nachtigal* und aus dem *Güldenen Tugend-Buch*. Hingegen hat die ihnen zeitlich vorausgehende geistliche Lyrik noch nicht die gebührende Aufmerksamkeit der Literaturwissenschaft gefunden; dem stand lange auch eine unbefriedigende Quellenlage entgegen. Neuerlich bekanntgewordenes Quellenmaterial erlaubt es jetzt, einer interessierten Öffentlichkeit die frühen geistlichen Lieder aus der für die Herausbildung einer ambitioniert neuen deutschen Dichtung so bedeutsamen Zeit vor 1623 vorzulegen. Diese Lieder sind ohne Angabe eines Verfassers erschienen. Ich bin daher Herrn P. Theo G. M. van Oorschot SJ (Nijmegen), Leiter einer kritischen Spee-Ausgabe, für seine Mitarbeit an der hier vorgelegten Edition besonders dankbar; sie hat mich in der vielfältig begründeten Annahme, daß Friedrich Spee diese Lieder geschrieben hat, bestärkt und sicher gemacht. – Das Manuskript dieser Edition wurde 1969 abgeschlossen.

Inhalt

Einleitung

I

Daß in den Liederbüchern der rheinischen Jesuiten, die im zweiten und dritten Jahrzehnt des 17. Jahrhunderts erschienen sind, unter den neuen, anonym abgedruckten Liedern auch solche stehen, die von Friedrich Spee (geboren am 25. Februar 1591 in Kaiserswerth bei Düsseldorf, gestorben am 7. August 1635 in Trier) verfaßt sind, ist schon recht früh vermutet worden. Ph. WACKERNAGEL (1864), B. HÖLSCHER (1865) und E. E. KOCH (³1867) haben es als erste ausgesprochen. Eine dunkle Vermutung findet sich bereits bei Fr. SCHLEGEL, der 1806 seiner Auswahl aus Spees *Trutz-Nachtigal* (*TrN*) die beiden *„geistlichen Volkslieder" „Als bei dem Kreuz Maria stand"* (= Str. 2–4 von *„O Herz, o du betrübtes Herz"*, zuerst *Köln 1623*[1]) und *„Die Königin von edler Art"* (= Nr 12 der vorliegenden Edition), die zum Kreis der anonymen Lieddichtung Spees gerechnet werden müssen, ohne Angabe von Quellen und offenbar noch ohne genaue Vorstellung von ihrer Herkunft folgen ließ[2] mit der interessanten Vorbemerkung: *„In einigen* [sc. Liedern] *ist ein ganz ähnliches poetisches Streben sichtbar, wie in denen unseres Dichters'* [sc. Spee].*"*[3] WACKERNAGEL notierte bei der bibliographischen Beschreibung des von den Kölner Jesuiten herausgegebenen Brachel'schen Gesangbuchs von 1625: die Lieder *„Nachtigall, dein edler Schall"* und *„O Gott und Fürst der Ehren" „scheinen mir von Friderich Spee zu sein"*[4]. Beide bezeichnete auch KOCH als *„wahrscheinlich von ... Friedrich Spee gedichtete Lieder"*[5]; beide gehören indes nicht zu Spees Lieddichtung: das erste Lied stammt aus

---

1 Die genauen bibliographischen Angaben und Einzelnachweise zu den hier und im folgenden genannten Quellen und Liedern entnehme man den einschlägigen Werken von WILHELM BÄUMKER (B) und den protestantischen Hymnologen.
2 FRIEDRICH SCHLEGEL: Poetisches Taschenbuch für das Jahr 1806. Berlin 1806. S. 200 u. 204.
3 Ebd. S. 135.
4 PHILIPP WACKERNAGEL: Das deutsche Kirchenlied von der ältesten Zeit bis zum Anfang des 17. Jahrhunderts. Bd 1. Leipzig 1864. S. 719.
5 EDUARD EMIL KOCH: Geschichte des Kirchenlieds und Kirchengesangs der christlichen, insbesondere der deutschen evangelischen Kirche. 3. Aufl. Bd 2. Stuttgart 1867. S. 441.

Konrad Vetters *Paradeißvogel* (Ingolstadt 1613)[6], das zweite (zuerst im Elfliederdruck *Geistlicher Triumphwagen*, Köln 1622) weist nach seinen Wortformen auf einen (unbekannten) oberdeutschen Verfasser hin. Die irrtümliche Zuschreibung des ersten Lieds ist insofern eine bemerkenswerte Fehlleistung, als Vetter, wie man weiß, ein wichtiger Vorläufer Spees ist, was WACKERNAGEL und KOCH wohl noch kaum bekannt war. Den ersten wirklich brauchbaren Hinweis gab HÖLSCHER. Aus der Beobachtung, daß einige Lieder aus Spees *Güldenem Tugend-Buch* (*GTb*) und aus der *TrN*, die beide nicht vor 1649 im Druck veröffentlicht worden sind, anonym im *Geistlichen Psalterlein* der Jesuiten (Köln 1637) stehen, folgerte er: *„So mögen noch wohl mehrere Lieder in dem Psälterlein wie in anderen alten Gesangbüchern enthalten sein, die Spee zum Verfasser haben, obwohl sie sich als dessen Eigenthum nicht nachweisen lassen."*[7] An anderer Stelle äußerte HÖLSCHER später, er glaube, daß Spee großen Anteil an dem genannten *Psalterlein* habe.[8] Seine Annahme hat sich, wie noch zu zeigen ist, als zutreffend erwiesen. Merkwürdigerweise nahm W. BÄUMKER (1883) den Hinweis HÖLSCHERS nicht auf, und auch zu *Köln 1623*, das sich später als eine der wichtigsten Quellen der anonymen Lieder Spees herausstellte, notierte er nur: *„Scheint mir Jesuitengesangbuch [!] zu sein."*[9] – nachdem schon F. M. BÖHME (1877) zu dieser Publikation bemerkt hatte: *"Aelteste Quelle für Jesuiten-Poesie in deutschen Gesangbüchern!"*[10] Erst H. SCHACHNER (1906) knüpfte wieder bei HÖLSCHER an. Aus dem *Psalterlein* erinnerten ihn an *„Spes Eigenart" „Ton und Ausdruck"* besonders der beiden Lieder *„Zu Bethlehem geboren"* und

---

6 Auch bei ALBRECHT SCHÖNE: Das Zeitalter des Barock. Texte und Zeugnisse. München 1963. (Die deutsche Literatur. Bd 3.) S. 154–59 erscheint das Lied unter Spees Namen. Der Herausgeber bemerkt dazu S. 154 Anm. 31: *„Verfasserangabe beruht auf Vermutung."* Das Lied wie auch die beiden ihm vorausgehenden Texte auf S. 152–54 werden nicht, wie im Werkregister S. 1082 Nr 3 angegeben, nach GB Neuburg/Donau 1625 wiedergegeben, sondern nach GB Brachel ⟨Köln⟩ 1625. – Auch die übrigen Angaben, die der Herausgeber zu den unter der Rubrik *„Unbekannte Verfasser"* abgedruckten katholischen Lieddichtungen macht, entsprechen dem Forschungsstand etwa der Zeit von WACKERNAGEL.
7 BERNHARD HÖLSCHER: Deutsche geistliche Lieder aus der ersten Hälfte des 17. Jahrhunderts. In: Oesterreichische Vierteljahresschrift für katholische Theologie 4 [1865] S. 222.
8 DERS.: [Rez. W. BÄUMKER: Kirchenlied. Bd 2. Freiburg i. Br. 1883.] In: Literarischer Handweiser 22 [1883] Sp. 716.
9 B 2 S. 33 Nr 62.
10 FRANZ MAGNUS BÖHME: Altdeutsches Liederbuch. Leipzig 1877. S. 787 Nr 31.

„O *christlichs Herz*" [11] – beide können heute zum sicheren Bestand der anonymen Speelieder gerechnet werden –, und auch bei dem Lied „O *Traurigkeit, o Herzenleid*" dürfe man, wenn auch nur „*mit einiger Kühnheit*", weil schon 1628 im GB Würzburg gedruckt, an Spee als Verfasser denken. [12] (Daß das GB Würzburg 1628 zu den Erstdrucken von anonymen Speeliedern gehört, erkannte SCHACHNER noch nicht.) ILSE MÄRTENS (1925) zog eine erste, noch sehr bescheidene Parallele zwischen dem Lied „O *Jesulein zart*" (= Nr 55 dieser Edition) aus *Köln 1623* und einem Lied aus der *TrN* (ARLT Nr 35) [13], ohne freilich daraus weitere Schlüsse zu ziehen.

Das waren die zaghaften Anfänge der Diskussion, ob und welche Lieder Spee neben denjenigen aus dem *GTb* und der *TrN* und eventuell schon vor diesen geschrieben habe, bis J. GOTZEN mit seinem Referat von 1928 und daran anschließend in mehreren kleinen Beiträgen in Zeitschriften und Nachschlagewerken (1931–1950) die Diskussion auf eine breitere Grundlage stellte. [14] In dem nur auszugsweise gedruckten Referat lenkte GOTZEN die Aufmerksamkeit auf die beiden jesuitischen Liederbücher *Köln 1623* und *Psalterlein* (Köln 1637) und deren neue, d. h. hier zum erstenmal im Druck erscheinende Texte: mehr als 90 davon seien Spee zuzuweisen. Dazu führte GOTZEN folgende Argumente an [15]:
1. Die neuen Lieder *Köln 1623* – mit dieser Quelle beschäftigte GOTZEN sich in erster Linie – sind von ausgeprägter Eigenart. Sie unterscheiden sich auffällig von der älteren und der gleichzeitigen katholischen Lied-

---

11 HEINRICH SCHACHNER: Naturbilder und Naturbetrachtung in den Dichtungen Friedrichs von Spe. In: 56. Programm des k. k. Obergymnasiums der Benediktiner zu Kremsmünster für das Schuljahr 1906. Linz 1906. S. 57.
12 Ebd. S. 58.
13 ILSE MÄRTENS: Die Darstellung der Natur in den Dichtungen Friedrichs von Spee. In: Euphorion 26 [1925] S. 579.
14 Zur Frage der anonymen Speelieder sind folgende Beiträge von JOSEF GOTZEN heranzuziehen:
Neues über Friedrich von Spee und das deutsche Kirchenlied. [Auszug aus einem Vortrag, gehalten bei der Generalversammlung des Allgemeinen Cäcilienvereins in Köln 1928.] In: Musica sacra 58 [1928] S. 356–60. [GOTZEN *1928*]
Über die Kölner Gesangbücher des 16. und 17. Jahrhunderts. In: Cäcilienvereinsorgan 62 = Musica sacra 61 [1931] S. 331–36. [GOTZEN *1931*]
Zu Bethlehem geboren. In: Cäcilien-Vereins-Organ. Zeitschrift für Kirchenmusik 69 [1949] S. 258–62. [GOTZEN *1949*]
Die Marienlieder Friedrichs von Spee. In: Cäcilien Vereins Organ. Zeitschrift für Kirchenmusik 70 [1950] 133–36. [GOTZEN *1950*]
15 GOTZEN *1928* passim.

dichtung durch (a) *„Regelmäßigkeit und Gewandtheit des Versbaues"*, durch (b) *„klangvollen und geschickt durchgeführten Reim"* und durch (c) *„gewisse Eigenheiten des Stiles, als da sind: Parallelismus in Worten, Satzgliedern und ganzen Sätzen, dichterisch wirksame Antithesen, Wiederholung von Worten und Satzgliedern, um dadurch eine gesteigerte Wirkung hervorzurufen, Häufung von synonymen oder antithetischen Wendungen, oft formelhaft und mit Alliteration verknüpft, u. a."*

2. Die neuen Lieder von *Köln 1623* sind nach Charakter, Metrum und Stil, nach *„sprachlicher Melodie und dichterischer Durchführung"* so einheitlich, daß sie nur von *einem* Verfasser stammen können, der dazu *„ein wirklicher, ja bedeutender Dichter"* war und dessen Fähigkeiten auch sonst schriftstellerisch hervorgetreten und bekannt geworden sein müssen. Unter den damaligen Mitgliedern der Rheinischen Provinz des Jesuitenordens ist nur einer literarisch hervorgetreten, und nur einer vermochte *solche* Lieder zu schreiben: Friedrich Spee. Nur er kann der Verfasser der neuen Lieder von *Köln 1623* sein.

3. Mit besonderem Nachdruck muß auf die *„metrische Form"* der neuen Lieder von *Köln 1623* hingewiesen werden. Ein Jahr vor Erscheinen von Opitz' deutscher Poetik sieht man einen Dichter, der *„bewußt und beharrlich seine Verse nach den von Opitz verkündeten neuen Regeln und Grundsätzen bildet"*. Wiederum kommt nur Spee in Frage. Niemand außer ihm konnte um 1623 zur Erkenntnis des neuen Betonungsgesetzes (Übereinstimmung von metrischem Akzent und Wortbetonung bei strenger Alternation), das Spee später in der *TrN* *„theoretisch festgelegt und praktisch durchgeführt hat"*, gekommen sein.

4. In der *TrN* und im *GTb* (auch in dessen Prosa) findet man *„auf jeder Seite"* die sprachlich-stilistischen Besonderheiten der neuen Lieder wieder. Hinzu kommen *„die zahllosen Parallelen in Bildern und Vergleichen, in Gedanken und Anschauungen, die völlige Übereinstimmung dessen, was man als den Gefühls- und Stimmungsgehalt von Spees Dichtungen bezeichnen kann"*.

Als Beispiele nennt GOTZEN 20 Lieder aus *Köln 1623* (darunter Nr 4–6, 9, 16–18, 20–21, 33, 48 und 55 dieser Edition) und drei Lieder aus dem *Psalterlein* (darunter das schon von SCHACHNER angegebene Lied *„Zu Bethlehem geboren"*) und führt einen überzeugenden Nachweis von Spees Verfasserschaft bei dem Lied *„Xaverius mit Schmerzen"* aus *Köln 1623* (eng verwandt mit den Liedern *„Xaverius, der mütig Held"* aus dem *GTb* [VAN OORSCHOT 368, 10] und *„Als in Jappon weit entlegen"* aus der *TrN* [ARLT Nr 19]) und zeigt die Verwendung von zwei Strophen des Lieds *„Alleluia, Alleluia, Heut lebendig der heilig Christ"* aus *Köln 1623* in Strophe 11 des Lieds „*Ich glaub so fast in einen Gott*" aus dem *GTb* (VAN OORSCHOT 64, 9–16).

Nachdrücklich bemerkt GOTZEN gegen Ende des Referats, daß seine Beweisführung nicht abgeschlossen und vollständig mit allen Belegen veröffentlicht werden könne, weil kein Exemplar von *Köln 1623* aufzufinden sei. Wichtig ist auch seine Notiz, die anonymen Lieder des ein Jahr vor *Köln 1623* erschienenen, gleichfalls verschollenen Elfliederdrucks *Geistlicher Triumphwagen* (Köln 1622) stammten vermutlich zum größten Teil ebenfalls von Spee.

Köln 1623 – nach GOTZEN die wichtigste Quelle der anonymen Speelieder – blieb auch weiterhin verschwunden und ist bis heute nicht wieder aufgetaucht (desgleichen auch der *Triumphwagen*). Das einzige bekannte Exemplar, das BÄUMKER noch für seine Melodienedition benutzen konnte – von einer Mehrzahl von Liedern dieses Buches gibt er Melodie und erste Textstrophe wieder, die meisten übrigen führt er im Variantenapparat unter genauer Bezeichnung des Textanfangs auf –, befand sich (wie auch das einzige bekannte Exemplar des *Triumphwagens*) ehemals in HÖLSCHERS Privatbibliothek [16], über deren Verbleib nach HÖLSCHERS Tod (1890) nichts bekannt ist.[17] Benutzt wurde es seinerzeit u. a. auch von BÖHME [18], L. ERK [19] und von J. MOHR.[20] Offenbar infolge dieser mißlichen Umstände hat GOTZEN niemals eine größere Studie über die anonymen Speelieder veröffentlicht. Es liegen von ihm nur noch zwei weitere kurze Aufsätze, die allein diesem Thema gewidmet sind, vor [21]; in anderen Beiträgen wird es nur neben anderen Themen behandelt.[22] Allen ist gemeinsam, daß sie über das bereits 1928 Vorgetragene nicht hinaus-

---

16 B 2 S. 33 Nr 60 u. 62.

17 HÖLSCHER war 1859–1890 am Gymnasium Petrinum in Recklinghausen tätig. Er starb am 18. Aug. 1890 im 78. Lebensjahr. (Mitteilung des Stadtarchivs Recklinghausen.) – Über den Verbleib der Bibliothek war bereits bei Erscheinen von B III (1891) nichts mehr bekannt, B 3 S. 41 Nr 77.

18 BÖHME: *Liederbuch* passim.

19 LUDWIG ERK: Deutscher Liederhort. (...) neubearb. u. fortges. von FRANZ MAGNUS BÖHME. Bd 3. Leipzig 1893. Passim.

20 JOSEF MOHR: Einleitung und Quellennachweis zum Psälterlein. 2. Aufl. Regensburg 1891. Passim.

21 GOTZEN *1949* und GOTZEN *1950*.

22 JOSEF GOTZEN: *Art*. Kirchenlied. In: Lexikon für Theologie und Kirche. 2. Aufl. Bd 5. Freiburg i. Br. 1933. Sp. 1008–18. DERS.: Peter Keyenberg und P. Fulgentius a S. Maria, zwei geistliche Liederdichter des 17. Jahrhunderts in Köln. In: Jahrbuch des Kölnischen Geschichtsvereins 20 [1938] S. 176–237.

gehen. Nirgends findet sich eine Zusammenstellung all der Texte, die GOTZEN als authentische Spee zuschreiben wollte. Dagegen schleppte er immer einige irrtümliche Angaben über die bibliographische Abhängigkeit von *Köln 1623* von anderen damaligen Gesangbüchern mit – Angaben, die ungeprüft auch von anderen Autoren übernommen worden sind. Dazu sei hier nur festgehalten, daß das Buch nach der klaren Beschreibung bei BÄUMKER [23] eine selbständige Einzelveröffentlichung von 119 Liedtexten mit 93 Melodien ist und nicht, wie GOTZEN behauptete [24], eine neue, erweiterte Ausgabe des seit 1607 in Köln erscheinenden Brachel'schen Reihengesangbuchs der Jesuiten.[25] Gerade die spezifische Eigenart von *Köln 1623*, fast ausschließlich aus neuen Liedern zusammengesetzt zu sein, ist GOTZEN entgangen, der immer schrieb [26], etwa ein Drittel des Buches bestehe aus Neudichtung – eine Angabe, die sich nur auf die Ausgabe des GB Brachel von 1625 beziehen kann, die er offensichtlich bei seinen Untersuchungen benutzt hat.

Präzise Angaben über die Anzahl der in Frage kommenden anonymen Lieder hatte GOTZEN in seinem ersten Referat nicht gemacht. Später vermerkte er, in *Köln 1623* seien „*mehr als 90 Texte*" zu finden, die Spee zuzuschreiben sind (1931) [27], d. h. beinahe alle neuen der (laut BÄUMKER) 119 Lieder des Buches. Als vierte Primärquelle von anonymen Speeliedern führte er auch noch das Würzburger Jesuitengesangbuch *Alt vnd Newe GEistliche . . . Gesäng* (Würzburg 1628) – abermals ohne genauere Angaben über Anzahl der Lieder etc. – in die Diskussion ein (1931).[28] Nach längerer Pause beschäftigte sich GOTZEN dann nochmals in je einem Beitrag mit dem (anonymen) Lied „*Zu Bethlehem geboren*" (1949) [29] und mit 14 anonymen Marienliedern aus *Köln 1623* (darunter Nr 6, 9, 12–16, 21 und 37 dieser Edition) sowie drei anonymen Marienliedern aus dem *Psalterlein* und wies auf deren zahlreiche Anklänge an das *GTb* und die *TrN* hin (1950).[30]

So führten GOTZENS Bemühungen um die anonymen Speelieder, da an deren wichtigste Quelle nicht heranzukommen war, nur teilweise zum

---

[23] Siehe Fn. 9.
[24] GOTZEN *1928* S. 356 und in allen späteren Beiträgen.
[25] Vgl. MICHAEL HÄRTING: Mitteilungen zur Kölner Offizin ‚Peter von Brachel'. In: Jahrbuch des Kölnischen Geschichtsvereins 41 [1967] S. 214–16.
[26] GOTZEN *1931* S. 335 und in späteren Beiträgen.
[27] GOTZEN *1931* S. 335.
[28] Ebd.
[29] GOTZEN *1949*.
[30] GOTZEN *1950*.

Ziel. Zweifellos hat GOTZEN mehr gewußt, als was er in den drei kurzen Beiträgen von zusammen 12 Druckseiten und einigen Notizen an anderen Stellen niedergelegt hat. Davon legt u. a. der Abschnitt über die Kirchenlieder aus dem Speebuch von ISABELLA RÜTTENAUER (1950)[31] Zeugnis ab, der, wie die Verfasserin betont, ganz auf GOTZENS Arbeiten und auf ergänzenden schriftlichen und mündlichen Mitteilungen von ihm beruht.[32] Obwohl an entlegenem Ort gedruckt, wurde sein grundlegendes Referat von 1928 drei Jahre später der Literaturwissenschaft durch einen kurzen Hinweis von F. BEHREND bibliographisch erschlossen: *„Es wird gezeigt, daß Sp[ee] der Verfasser der neuen Lieder des Kölner Gesangbuches von 1623 ist, (...)."* [33] Merkwürdigerweise hat jedoch lange Zeit keine literarhistorische Arbeit über die deutsche Lyrik und Poetik des frühen 17. Jahrhunderts GOTZENS produktive Ansätze ausgebaut. D. F. BUB (1951)[34], W. KAHLE (³1958)[35] und WALDTRAUT-INGEBORG GEPPERT (1958)[36] nahmen davon wenigstens Notiz, und erst EMMY ROSENFELD griff in ihrer Beschreibung ·von Spees Leben und Werk (1958)[37] die Frage der anonymen Lieddichtungen wieder auf, nachdem kurz zuvor der Hymnologe TH. HAMACHER darauf aufmerksam gemacht hatte, daß als weitere Primärquelle von Speeliedern auch das Paderborner Jesuitengesangbuch

---

[31] ISABELLA RÜTTENAUER: Friedrich von Spee. 1591–1635. Ein lebender Martyrer. Freiburg i. Br. 1951. (Zeugen Gottes. o. Nr.) S. 125–38.

[32] Ebd. Vorwort.

[33] FRITZ BEHREND in: Jahresbericht über die wissenschaftlichen Erscheinungen auf dem Gebiete der neueren deutschen Literatur. Bibliographie 1928. Berlin 1931. S. 81/2.

[34] DOUGLAS FREDERICK BUB: Das Leiden Christi als Motiv im deutschen Kirchenliede der Reformation und des Frühbarock. Bern, Phil. Diss. 1951. Text Nr 241–45.

[35] WILHELM KAHLE: Geschichte der deutschen Dichtung. 3. Aufl. Münster i. W. 1958. S. 114: Die Lieder *„Die ganze Welt, Herr Jesu Christ", „Zu Bethlehem geboren"* sowie *„Es führt drei König Gottes Hand"* und *„O Heiland, reiß die Himmel auf"* (= Nr 48 u. 33 dieser Edition) *„stammen wahrscheinlich von Spee".*

[36] WALDTRAUT-INGEBORG GEPPERT: Art. Kirchenlied. In: Reallexikon der deutschen Literaturgeschichte. 2. Aufl. Bd 1. Berlin 1958. S. 840.

[37] EMMY ROSENFELD: Friedrich Spee von Langenfeld. Eine Stimme in der Wüste. Berlin 1958. (Quellen u. Forschungen zur Sprach- u. Kulturgeschichte der germanischen Völker. N. F. 2.) S. 156–96. – Eine zusammenfassende Wiederholung bietet die Verfasserin in dem Abschnitt *„Die Kirchenlieder"* ihrer Publikation: Neue Studien zur Lyrik von Friedrich von Spee. Milano 1963. (Collana Università Commerciale ,L. BOCCONI'. 13.) S. 25–31.

Christlich Catholisch Gesangbuch (Paderborn 1628) in Betracht zu ziehen sei (1957).[38]

In den die anonymen Lieder betreffenden Abschnitt von ROSENFELDS Speebuch sind viele Mitteilungen eingeflossen, die die Verfasserin noch von GOTZEN, mit dem sie dieserhalb in Verbindung getreten war, erhalten hat.[39] So stellen ihre Ausführungen einen wertvollen Beitrag zur Erweiterung der Kenntnisse über den Umfang der anonymen Liedproduktion Spees dar. ROSENFELD wies vor allem – nach GOTZENS Mitteilungen – auf zwei weitere wichtige Primärquellen hin, die Ausgabe des jesuitischen Quentel'schen Reihengesangbuchs (Köln) von 1625 und die gleichfalls jesuitische *Himmlische Harmony* (Mainz 1628), und brachte weitere Belege für Parallelen mit dem *GTb* und der *TrN*. Allerdings hat ROSENFELD nicht alle in Betracht zu ziehenden Liedtexte untersucht – auch bei ihr fehlt ein genaues Verzeichnis –, sondern nur eine Auswahl, und im Gegensatz zu GOTZEN hat sie nicht nach den Quellen gearbeitet (für die verschollene Hauptquelle *Köln 1623* hätte in diesem Fall die zeitlich und räumlich naheliegende Ausgabe des GB Brachel von 1625 eintreten können), sondern nach der in mehrerlei Hinsicht fragwürdigen, 1859/60 erschienenen Textsammlung von J. KEHREIN[40], die nur knapp die Hälfte der von GOTZEN Spee zugeschriebenen Texte enthält.[41] Aus diesem Grund besitzen die Einwände, die die Autorin gegen die Anzahl der von GOTZEN vorgenommenen Zuschreibungen erhebt – ihrer Meinung nach kann Spee nur für *„ungefähr 25 bis 30“* anonyme Lieder als Verfasser in Anspruch genommen werden[42] –, nicht die volle Überzeugungskraft. Ihre Argu-

---

[38] THEO HAMACHER: Die Lieder Friedrich von Spe's im Paderborner Gesangbuch 1628. In: Theologie und Glaube 47 [1957] S. 186–201.

[39] ROSENFELD: *Spee* S. 4.

[40] JOSEF KEHREIN: Die ältesten katholischen Gesangbücher von Vehe, Leisentrit, Corner und andern. Bd 1–2. Würzburg 1859–60.

[41] KEHREINS Sammlung reicht bis zum Jahr 1631. Darin liegt die Erklärung, weshalb ROSENFELD nicht näher auf die anonymen Speelieder des *Psalterleins* von 1637 eingeht. Für alle Lieder, die in Drucken nach 1615 erstmals auftreten, hat KEHREIN das 1631 in zweiter, erweiterter Auflage erschienene Gesangbuch von David Gregor Corner OSB, Prior von Göttweig in Niederösterreich, als Quelle benutzt. Die fraglichen Texte haben auf dem Weg von den Erstdrucken bis zum GB Corner 1631 manche Eingriffe in die ursprüngliche Textgestalt erfahren, die ROSENFELD nicht berücksichtigt hat, und denen sie durch Fehler beim Abschreiben aus KEHREINS Sammlung neue Änderungen hinzufügte.

[42] Dazu rechnet ROSENFELD nicht jene Lieder, die Spee nach Meinung der Autorin nach älteren Vorlagen gearbeitet haben soll bzw. tatsächlich gearbeitet hat. Der Verwendung des Attributs „Verfasser" liegt ein Begriff von Originalität zugrunde, den die Dichtung des frühen 17. Jahrhunderts noch nicht kannte.

14

mentation contra GOTZEN bleibt darüber hinaus immer dort wissenschaft-
licher Kritik entzogen, wo mit so subjektiven Kriterien wie „Spee'scher
Stil (so wie wir [sc. Pluralis majestatis] ihn kennen"[43], „Spees Stem-
pel"[44], „unspeeisch"[45] u. a. m. operiert wird. Immerhin nennt ROSEN-
FELD mindestens 35 (!) Lieder aus der Zeit von 1623 bis 1637, die nach
ihrer festen Überzeugung von Spee geschrieben sind (darunter Nr 2, 4–5,
17–18, 20, 31, 33, 39–40, 48, 53 und 60K dieser Edition), und mindestens
17 Lieder, die Spee teils nach bekannten, überwiegend aber nach – wie
die Autorin meint – noch aufzuspürenden (unbekannten) Textvorlagen
gearbeitet hat (darunter Nr 6, 9, 12–16, 21, 37, 43 und 59K dieser
Edition).[46]
Die Diskussion der anonymen Lieddichtung Spees ist seit GOTZEN und
ROSENFELD nicht mehr vorangekommen. In den meisten der in den letzten zehn Jahren neuerschienenen oder neuaufgelegten Gesamtdarstellun-
gen oder Einzeluntersuchungen zur deutschen Literatur des 17. Jahrhunderts fehlt auch nur ein Hinweis auf Spees den literarischen Hauptwerken
GTb und TrN vorausgehende bzw. sie zeitlich begleitende Liedproduktion. Zu Recht stellte 1960 der Musikwissenschaftler W. LIPPHARDT fest:
„Über den Umfang des Speeschen Kirchenliedschaffens um 1623 fehlen
noch abschließende Untersuchungen."[47]

II

Nach einer vorläufigen Übersicht sind in die Untersuchungen der anonymen Speelieder rund 125 Texte einzubeziehen. GOTZEN hatte die These
aufgestellt, daß alle neuen (d. h. in keiner älteren Quelle zu findenden)
Lieder von Köln 1623 von Spee verfaßt seien.[48] Von diesen können aus
dem verschollenen Liederbuch bei BÖHME, BÄUMKER, MOHR, ERK/BÖHME

---

[43] ROSENFELD: Spee S. 162.
[44] Ebd. S. 164.
[45] Ebd. S. 175.
[46] Es können nur Mindestzahlen genannt werden, da die Verfasserin z. T. einander widersprechende Angaben macht und der Text durch viele Zitier- und
Setzfehler entstellt ist.
[47] WALTHER LIPPHARDT: Art. Spee von Langenfeld. In: Die Musik in Geschichte
und Gegenwart. Bd 12. Kassel 1965. Sp. 102. – Daß die Musikwissenschaft weit
eher als die Literaturwissenschaft den Funden GOTZENS Aufmerksamkeit ge-
schenkt hat, dafür stehe der betreffende Absatz bei OTTO URSPRUNG: Die katholische Kirchenmusik. Potsdam 1931–33. (Handbuch der Musik-Wissenschaft. [8.])
S. 222/3.
[48] GOTZEN 1928 S. 356 u. passim.

und GOTZEN mindestens 86 ermittelt werden. Von der Gruppe der 1628 in Mainz, Paderborn und Würzburg erschienenen Jesuitengesangbüchern und aus dem *Psalterlein* (Köln 1637) sind rund zwei Dutzend Lieder in Betracht zu ziehen, die sich je zur Hälfte auf die Quellengruppe von 1628 und das *Psalterlein* verteilen.[49] Folgte man GOTZEN, so war *Köln 1623* nicht nur wegen des frühen Erscheinungstermins, sondern auch wegen der Anzahl der Texte die bedeutendste Quelle der anonymen Lieddichtungen Spees. Wer aber die neuen Lieder studieren wollte, fand keine geeignete Textausgabe vor und konnte allenfalls auf jene 14 Lieder zurückgreifen, die WACKERNAGEL nach der verwandten Quelle GB Brachel ⟨Köln⟩ 1625 wiedergibt.[50] Eine vollständige, textkritische Ausgabe zu erarbeiten, war wiederum unmöglich, da der wichtigste Erstdruck fehlte.

Neue Funde, die in den letzten vier Jahren gemacht wurden, haben die von GOTZEN (und ROSENFELD) aufgezeigte Quellenlage gründlich verändert. Es gelang nachzuweisen, daß ein erheblicher Teil derjenigen Texte, als deren früheste Quelle bisher *Köln 1623* galt, schon in Drucken aus den Jahren 1621 und 1622 auftritt[51], die im folgenden kurz beschrieben werden[52]:

(K)   Köln: Arnold Quentel 1621
Alte Catholische | Geistliche Kyrchen = |gesång/ auff die fürnemste | Feste/ Auch in Processionen/ | Creutzgången vnd Kyrchenfåhrten: | bey der H. Meß/ Predig/ in Håusern/ | vnd auff dem Feld zugebrauchen/ | sehr nützlich/ sampt einem | Catechismo. | Auß Befelch | Des Hochwürdigen Für = |sten vnd Herrn/ Herrn Eberhar = |ten Bischoffen zu Speir/ vñ Prob = |sten zu Weissenburg/ ꝛc. in diese | ordnung gestellt. | Gedruckt zu Cólln/ | Durch Arnold Quentel. | [Linie] | *Anno M. DC. XXI.* | Mit

---

[49] Die Ausgabe des GB Quentel von 1625, von der ROSENFELD: *Spee* S. 160 u. passim nach GOTZENS Mitteilungen berichtet, sie enthalte neue Speelieder, kommt nach jüngeren Untersuchungen nicht mehr als Erstdruck dieser Lieder in Betracht. An ihre Stelle tritt die Ausgabe von 1621 = Quelle *K* dieser Edition.
[50] WACKERNAGEL: *Kirchenlied*. Bd 5. Leipzig 1877. Nr 1495–1510, 1512.
[51] Vgl. MICHAEL HÄRTING: Eine neue Quelle Speescher Kirchenlieder. In: Musica sacra 85 [1965] S. 345–55. DERS.: Unbekannte Speeliederdrucke. In: Musica sacra 88 [1968] S. 50–55.
[52] In den Inhaltsangaben steht bei allen in die vorliegende Edition aufgenommenen Liedern in eckigen Klammern [] die betreffende Editionsnummer. Bei Liedern, die in zwei Fassungen (*K – W2*) oder in zwei Parallelversionen (*W1 – X*) vorliegen, bedeutet ein Sternchen (*) vor der Editionsnummer, daß diese Fassung oder Parallelversion über den Lesartenapparat des unter dieser Nummer edierten Lieds aufzusuchen ist. Vgl. dazu auch den „Schematischen Vergleich" (S. 287 ff.).

Rôm. Keys. May. G. vnd Freyheit. | [Schwarz und rot gedruckt, in Leiste]
12° 372 Bl. +⁸A–V¹²X⁶a–h¹². Blattzählung: [6]1–246·1–95[1].
(British Museum London 3435. bbb. 8.)

Inhalt

Der Anhang enthält 11 neue Lieder:

(W¹)   Würzburg: Johann Volmar 1621
Bell' Vedére | Oder | *Herbipolis* | Wurtzgårtlein. | Oder | Wůrtzburger
Lustgårtlein. | Darin ein | Lusthauß | im | Lusthauß | ein | Orgel | vnd |
allerley | *Mottetti* vnd *Concerti,* | Das ist/ | Allerley Catholische Gesäng/ |
von Pfingsten biß zum Aduent/ 2c. | vnd durch das gantze Jahr | zu
singen | Mit Hundert vnd Tausent | Stimmen/ 2c. | [Linie] | Getruckt zu
Wůrtzburg/ bey Johan | Volmar/ Jm Jahr 1621. | [In Leiste]
12° 72 Bl. A–F¹². Seitenzählung: [1]2–141[3]. Letzte Seite leer.
(Thurgauische Kantonsbibliothek Frauenfeld CL 244)

Inhalt

Die Schrift enthält 5 ältere und 33 neue Lieder:

(X)   Würzburg: Johann Volmar 1621
Latte di Gallina | Peter Oel vnnd | 'BerlWasser/ | Fůr | Schwere Tråum. |
Fůr | Vbersichtige Augen. | Fůr | Das Grimmen im Leib. | Fůr | Das
Chiragra, lame Hånd/ | vnd faule Gicht. | Fůr | Den kalten Brandt. | Fůr |
Die Pest/ fůr Wůrm im Bauch/ | fůr den Schwindel im Kopff/ 2c. | *EST* |
PROBATVM. | [Linie] | Getruckt zu Wůrtzburg/ bey Johann | Volmar/
im Jahr/ 1621. | [In Leiste]
12° 12 Bl. A¹². Ohne Blatt- oder Seitenzählung (beim Binden beschnit-
ten?).
(Thurgauische Kantonsbibliothek Frauenfeld 2 an CL 244)

Inhalt

Die Schrift enthält 1 Reimgedicht und 3 Lieder:
A2a–A3a   Eh du gehst in dein Beth hinein (9 Str.) [a1]
A4b–A6b   Kindt wiltu selig werden (10 Str.) [*25]
A8a–A9a   O Gold im Fewr (5 Str.) [*26]
A10a–A10b   Schåm dich: schåm dich: du fauler Christ (6 Str.) [*23]

(W²)   Würzburg: Johann Volmar 1622
PSALM XLIV.‖ יפיפיתה |Il più bello del mondo. | Das | Allerschönste
Kind | in der Welt. | MARGARITA | in Concha, &c. | Berl in Goldt/ |
Die | Gottheit | in der | Menschheit/ 2c. | ὦ | Μυστήριον | Wunder vber
Wunder. | ad Coloss. I. | [Linie] | Getruckt zu Wůrtzburg/ bey Johan |
Volmari/ Jm Jahr 1622. | [In Leiste]
12° 36 Bl. A–C¹². Ohne Blatt- oder Seitenzählung (beim Binden beschnit-
ten?).
(Thurgauische Kantonsbibliothek Frauenfeld 1 an CL 244)

Inhalt

Die Schrift enthält 2 alte und 26 neue Lieder:

Das Erste Tractåtl.

A2b   O Heyland reiß die Himmel auff [33]
A3b   Singt auff / lobt Gott / schweig nimand still [34]
A4b   Wie Gott werd kommen auff die Erd [35]
A5b   Als Jeremias ward gesandt [36]

Das Ander Tractåtl.

Das Dritte Tractåtl.

[Das Vierte Tractåtl.]

Das Fůnffte Tractåtl.

Die Quelle *K* gehört in die Reihe der zwölf (bekannten) Auflagen des Gesangbuchs, das in den Jahren 1599–1631 aus dem Kölner Verlagshaus Quentel hervorgegangen ist. Die Auflagen 1599–1613 bestehen aus den stets seitengetreu nachgedruckten 252 Blättern des Hauptteils (bis 1625 nahezu unverändert gelassen). Diesem wurde 1615 erstmals ein Anhang von 72 Blättern mit 47 Liedern hinzugefügt[53], der auch von den Auf-

---

[53] Vgl. MICHAEL HÄRTING: Die Ausgabe des Quentelschen Gesangbuchs von 1615. In: Jahrbuch für Liturgik und Hymnologie 11 [1966] S. 182–86.

lagen 1617 und 1619 unverändert übernommen wurde. Die Auflage von
1621 – d. i. *K* – unterscheidet sich von der Erstauflage 1599 im Haupt-
teil nur ganz geringfügig[54], enthält indessen gegenüber den Auflagen
1615–1619 einen erweiterten Anhang von 96 Blättern mit 63 Liedern.
Unter den 17 Liedern, die zu den Liedern des Anhangs von 1615 hinzu-
treten, befinden sich jene oben verzeichneten elf neuen, die in keiner
älteren oder gleichzeitigen Quelle nachzuweisen sind.[55]
Das Quentel'sche Reihengesangbuch geht auf das 1594 in Konstanz im
Verlag von Abraham Gemperlin, dem Hausdrucker von Petrus Canisius SJ, erschienene Gesangbuch zurück, das mit seinem canisianischen
Katechismus (Catechismus minimus germanicus) als eines der ersten Jesuitengesangbücher der Gegenreformation zu gelten hat.[56] Das GB Quentel
hat von ihm auch die nur unwesentlich veränderte Vorrede übernommen. Daraus und aus dem Vorkommen von Katechismusgesängen kann
geschlossen werden, daß der nicht genannte Herausgeber des Reihengesangbuchs – und also auch von *K* – dem Jesuitenorden angehörte.[57] Das
häufig aufgelegte Buch diente offensichtlich vornehmlich der katecheti-
schen Unterweisung der Jugend und wurde sicher nicht nur in Speyer, wo
es ursprünglich auf Veranlassung des Bischofs Eberhard von Dienheim
zusammengestellt worden war, und in Köln, seinem Erscheinungsort,
benutzt, sondern auch anderswo in der damaligen Rheinischen Provinz
der Jesuiten. Zu den elf neuen Liedern von *K* gehören vier auf ältere,
an anderer Stelle des Buches befindliche Melodien verweisende Tonan-
gaben und sieben einstimmige Melodien in Mensuralnotendruck, von
denen fünf noch in keiner älteren Quelle ermittelt werden konnten.[58] Wie
es in den katholischen Liederbüchern der Zeit üblich ist, fehlen alle Angaben über die Herkunft der Lieder wie vor allem Namen von Textver-

---

[54] Erstmals steht am Ende des Hauptteils der Text des lateinischen *„Te deum"*
(Bl. 245b–246b). Er tritt an die Stelle der Vignette (Bl. 246a) und der Quentel'-
schen Druckermarke (Bl. 246b) in den Auflagen 1599–1619.
[55] Vgl. HÄRTING: *Quelle* S. 345–47. – Der Textabdruck ebd. S. 348–54 entspricht
textkritischen Normen nicht.
[56] Bibliographische Beschreibung, Vorrede und Katechismus bei Petrus *Canisius:*
Catechismi latini et germanici. P. 2. Ed. FRIDERICUS STREICHER. Monachii 1936.
(Societatis Jesu selecti scriptores. 2. Tom. 1,2.) Pag. 31*, 269, 278–85.
[57] Zur Ausgabe von 1615 vgl. HÄRTING: *Ausgabe* S. 186. – Für die jesuitische
Herkunft von *K* (= Ausgabe 1621) spricht u. a. auch die Erweiterung des Anhangs um ein Lied auf den Ordensgründer Ignatius von Loyola, HÄRTING:
Quelle S. 345/6.
[58] Zu den Melodien der Speelieder in *K*, *W¹* und *W²* vgl. das Verzeichnis „Die
Herkunft der Melodien" am Ende dieser Edition.

fassern und Melodisten. Es sei festgehalten, daß alle elf neuen Texte Lieder für die Weihnachtszeit sind.

Bei den Quellen W^1 und W^2 einerseits und X andererseits handelt es sich um Liedpublikationen ganz anderer Art als K. Sie gehören weder zur Reihe eines mehrfach aufgelegten Gesangbuchs, noch enthalten sie Lieder für alle Zeiten des Kirchenjahrs. W^1 enthält (neben dem Widmungslied) eine Gruppe von 27 Liedern für die Feiertage der zweiten Hälfte des Kirchenjahrs (Pfingsten bis Cäcilia, 22. November) und eine Gruppe von zehn Liedern auf die Christlichen Tugenden. W^2 enthält eine Gruppe von 28 Liedern für den Weihnachtsfestkreis (Advent bis Dreikönige). Beide Bücher stellen einmalige Veröffentlichungen dar, ohne Vorgänger oder Nachfolger, und hatten offensichtlich ihre Bestimmung nach den Absichten ihrer Herausgeber mit ihrem einmaligen Erscheinen erfüllt. Vor allem bestehen beide Quellen – W^1 in der Mehrzahl, W^2 fast ausschließlich – aus neuen Liedern. X wiederum ist weniger ein Liederdruck zum praktischen Gebrauch des Singens als vielmehr eine Erbauungsschrift mit Liedtexten (ohne Melodien) zur frommen Betrachtung.

Von den 38 Texten von W^1 können nur vier in älteren Quellen nachgewiesen werden. Es sind dies neben dem lateinischen „Ave Maria" (S. 97) [59] aus der römischen Liturgie und der verdeutschten *Litania Lauretana* (S. 58) [60], erstmals 1558 (von Canisius?) im Druck herausgegeben [61], die Lieder „Ave Maria, du Himmelkönigin" (S. 49) aus dem Jesuitengesangbuch Innsbruck 1588 [62], „Gegrüßet seist du edelste Königin" (S. 76) aus dem GB Andernach ⟨Köln⟩ 1608 [63] und „Ave Maria voller Genad" (S. 78) aus dem GB Quentel ⟨Köln⟩ 1615.[64] Das Widmungslied „O Würzburg, du edle Stadt" (S. 3), für dessen Text (und Melodie) keine ältere Quelle bekannt ist, ist durch seinen Platz im Buch – vor der Vorrede – von den anderen Liedern abgehoben. Im Register erscheint es erst an letzter Stelle, was darauf hindeutet, daß es – möglicherweise vom Herausgeber des Buches – ad hoc anläßlich der Herausgabe des Buches geschrieben wurde. Es lehnt sich stark an das Lied „Sankt Brigida, uns Patron" (zuerst GB Brachel ⟨Köln⟩ 1619) an, von dessen 17 Strophen es

---

[59] M aus dem lateinischen Choral (Antiphon), kein früherer Druck ermittelt.

[60] M zuerst GB Andernach ⟨Köln⟩ 1608.

[61] BALTHASAR FISCHER: Art. Litanei. In: Lexikon für Theologie und Kirche. 2. Aufl. Bd 6. Freiburg i. Br. 1961. Sp. 1077.

[62] M zuerst in derselben Quelle.

[63] M aus dem lateinischen Choral (Antiphon „Salve regina"), zuerst gedruckt in derselben Quelle.

[64] M zuerst in derselben Quelle.

ganze Verszeilen übernimmt. Formale und inhaltliche Indizien zeigen an, daß kein Zusammenhang mit den anderen neuen Liedern besteht. Es taucht auch später in keiner weiteren Quelle auf. Vorrede, Lieder und alle übrigen Texte von W^1 erscheinen ohne Angabe des Verfassers. Ein Novum in der katholischen Liedliteratur stellen die bei sieben Liedern (Nr 2, 5, 7, 21, 23, 30–31 dieser Edition) anzutreffenden Anmerkungen in lateinischer Sprache dar: Verweisungen auf die Bibel, auf die patristische und scholastische Literatur und auf ältere und jüngere theologische Schriften der Zeit. Ungenannt bleibt auch der Herausgeber der Publikation; ihr sind allerdings verschiedene Anhaltspunkte zu entnehmen, die Rückschlüsse auf seine Herkunft zulassen.

Aus dem Titel, dem Widmungsgedicht, dem Widmungslied, das im Register mit der Liedüberschrift „Von den Würtzburgischen Kindern" angezeigt ist, der Vorrede, dem Kilianslied (Nr 7 dieser Edition)[65] und dem Schlußlied (Ü: „Beschluß der Kinderlehr", Nr 32 dieser Edition) ist ersichtlich, daß das Liederbuch zunächst für den Katechismusunterricht (Kinderlehre) der (katholischen) Jugend von Würzburg bestimmt war, der in den Händen der Jesuiten lag.[66] Das Widmungsgedicht spricht in diesem Zusammenhang von den „jetzt ... sechs Kinderlehr" der Stadt. In den lateinischen Anmerkungen finden sich u. a. Verweisungen auf zwei zeitgenössische Schriftsteller aus dem Jesuitenorden: Roberto Bellarmino (S. 24) und Cornelius a Lapide (S. 137, 138). Es kann demnach kaum daran gezweifelt werden, daß der oder die Herausgeber von W^1 aus jesuitischen Kreisen stammen, wobei zunächst an Mitglieder der Würzburger Ordensniederlassung zu denken ist. In die gleiche Richtung weisen auch zwei weitere Beobachtungen. Einmal ist W^1 in der Druckerei von Johann Volmar gedruckt worden, der in engen Geschäftsbeziehungen mit den Jesuiten stand – aus seiner Offizin ist u. a. auch der vielfach aufgelegte Catechismus des Jesuiten Georg Vogler (Würzburg 1625 ff.) hervorgegangen – und selbst Mitglied der von den Jesuiten geleiteten Sodalitas B. V. Assumptae in Würzburg war.[67] Zum andern ist das hier benutzte Exemplar von W^1 aus den Beständen der Kantonsbibliothek Frauenfeld in einem Sammelband vereinigt mit je einem gleichfalls hier benutzten Exemplar von W^2 und von X – Schriften, die noch in weit stärkerem Maß jesuitisch geprägt erscheinen – und einem Exemplar der

---

[65] Kilian von Würzburg, Patron des Bistums Würzburg.
[66] Vgl. BERNHARD DUHR: Geschichte der Jesuiten in den Ländern deutscher Zunge. Bd 2,1. Freiburg i. Br. 1913. S. 163.
[67] Vorrede des Druckers (datiert 1625) in Voglers Catechismus (Blatt ɔc4b).

24

abermals von Volmar gedruckten, verlegten und der Würzburger *Sodalitas parthenica minor* der Jesuiten gewidmeten Ausgabe der lateinischen Schrift *LILIUM MARIANVM* des Jesuiten Charles Musart (Würzburg 1623).[68]

Zu den insgesamt 38 Texten von *W1* gehören 38 einstimmige Melodien in Mensuralnotendruck. Von den Melodien der 33 hier zum erstenmal auftretenden Lieder sind 14 älteren Liedern entnommen, während für 19 noch keine frühere Quelle ermittelt werden konnte. Der von Fehlern nahezu freie Druck von Noten und Text verrät die Hand eines im Vergleich zu anderen zeitgenössischen katholischen Liedpublikationen ungewöhnlich sorgfältigen Redaktors, Korrektors resp. Setzers.

Im gleichen Jahr wie *W1* – ob nun kurz davor oder danach oder gleichzeitig, ist nicht ersichtlich – erschien in Würzburg bei Johann Volmar die kleine Schrift *X*, unter den Erstdrucken der deutschen Literatur des 17. Jahrhunderts sicher einer der kuriosesten. Den Inhalt bilden neun pseudomedizinische Verordnungen (Recipes) theologisch-aszetischen Inhalts gegen die auf dem Titelblatt in metaphorischer Absicht genannten Beschwerden. Den vier ersten „Rezepten" sind ein Reimgedicht und drei Liedtexte beigefügt. Die übrigen Recipes kommen mit kürzeren Reimsprüchen und -versen aus. Das Reimgedicht scheint nur in *X* überliefert zu sein, später tritt es nicht mehr auf. Die drei Lieder sind bekannter, können allerdings in keiner älteren Quelle nachgewiesen werden, wohl aber – und dort mit Melodien – unter den Tugendliedern von *W1*.[69]

Aus den „*Approbationes*" und anderen lateinischen Beigaben ist der Kreis der (ungenannten) Herausgeber der anonymen Schrift mit großer Sicherheit zu erkennen und abzustecken. Es können nur Jesuiten sein – aus Würzburg vermutlich –, denn es häufen sich Verweisungen auf jesuitische

---

[68] Das Titelblatt des Druckes *W1*, der den Sammelband eröffnet, trägt die folgenden handschriftlichen Vermerke: innerhalb der Randleisten-Umrahmung „*Cartusiae Ittingensi 1623 Ex Dono.*" und außen neben der rechten Randleiste „*Suo H. M. suus E. W. hoc Amoris Symbolum pro Strena dedit Anno 24* [sc. 1624]". Das Konvolut – offenbar ein Verlegerband – gelangte also als Schenkung schon 1623 oder 1624 in den Besitz des schweizerischen Kartäuserklosters Ittingen (Kanton Thurgau). 1848, als die Kartause vom Staat aufgehoben wurde, kam es mit der Klosterbibliothek an die Kantonsbibliothek in Frauenfeld. (Zur Geschichte der Kartause Ittingen vgl. ALBERT KNOEPFLI: Die Kunstdenkmäler des Kantons Thurgau. Bd 1. Basel 1950. (Die Kunstdenkmäler der Schweiz. Bd 23.) S. 223–301.) „*Strena*" bezeichnet ein Geschenk zu einem kirchlichen Fest, auch zum Neuen Jahr.

[69] Vgl. dazu den „Schematischen Vergleich" am Schluß dieser Edition.

Autoren: Jacobo Álvarez de Paz (Bl. A4a), Roberto Bellarmino (A12a), Aegidius de Coninck (A12a), Pedro de Ribadeneyra (A3b), Francisco de Suárez (A12a), Gregorio de Valencia (A12a). Ein andermal wird aus den Jahresberichten der Jesuitenmissionen zitiert: „*Ex Annuis* [sc. litteris] *Societ*[atis Jesu] *anni 1614. Prouin*[ciæ] *Bæticæ. Missionis in Insulas fortunatas.*" (Bl. A7a). Jesuitische Prägung zeigt auch das Reimgedicht (Nr a1 dieser Edition), das nach dem Muster des „*Examen generale*" aus den *Exercitia spiritualia* des Ordensgründers Ignacio de Loyola aufgebaut ist.

Den drei Quellen von 1621 (*K*, *W¹*, *X*) schließt sich der 1622 erschienene, anonyme Volmar-Druck *W²* an. Er enthält 28 Lieder, von denen nur zwei auch schon in älteren Quellen vorkommen, während von den 26 als neu zu bezeichnenden Liedern elf in derselben oder in abweichender Textgestalt schon unter den neuen Liedern von *K* stehen. Das Verhältnis der abweichenden Fassungen *K* – *W²* ist, wie noch gezeigt werden soll, teilweise recht kompliziert und erlaubt mehrere Deutungen. Auf 25 Lieder mit einstimmigen Melodien in Mensuralnotendruck folgen drei Liedtexte von nur einer Strophe Länge ohne Melodien. Der letzte davon, „*Joseph, Joseph, Joseph*", tritt als fünfstrophiges Lied (mit Melodie) erstmals in Georg Voglers *Catechismus* (Würzburg 1625) auf. Die beiden anderen Texte finden sich zuerst im GB Quentel ⟨Köln⟩ 1599. Von den Melodien kann nur eine einzige nicht vor 1622 (*W²*) nachgewiesen werden; fünf finden sich zuerst in *K* und 19 sind älteren, vor 1621 gedruckten Liedern entnommen.

W² teilt die Lieder nach inhaltlichen Gesichtspunkten in fünf Abschnitte, die „*Tractátlein*" heißen, ein, zu deren Verständnis die Vorrede anleitet. Jedes dieser Traktätlein wird von lateinischen Anmerkungen theologischen Inhalts zu den einzelnen Liedern, „*Notae*" genannt, abgeschlossen. In den vier ersten Traktätlein finden sich solche Anmerkungen zu jedem Lied, im letzten (fünften) Traktätlein nur zu den drei ersten Liedern. Wieder enthalten die Anmerkungen, wie in *W¹*, vor allem Verweisungen auf die Bibel, die patristische Literatur und auf Theologen des Mittelalters sowie der jüngeren und jüngsten Zeit. Unter den jüngeren Autoren finden sich ausschließlich Jesuiten: Sebastian Barradas (Bl. B6b), Bellarmino (A12a), Petrus Canisius (B6b), Gregorio Mastrilli (C11b), Francisco de Ribera (A6b), Gaspar Sánchez (Sanctius; A6b), Suárez (B7b, B12b) und Francisco de Toledo (A1b). Auch *W²* kann also nur jesuitische Herausgeber haben. Wenn man die Einladung des deutschen Vorspruchs „*lern junger Christ*" wörtlich nimmt, war auch *W²* vornehmlich zum Gebrauch der von den Jesuiten betriebenen Katechese bestimmt. Auch *W²* ist sorg-

fältig redigiert worden, wenngleich nicht in dem auffälligen Maß wie
W^1.
Bei dem geringen Umfang der drei Würzburger Drucke W^1, X und W^2
und bei ihren etwas verspielt wirkenden Titeln geht man wohl nicht fehl
in der Annahme, daß alle drei Gelegenheitsschriften sind, wie sie in den
Kongregationen der Jesuiten, auch anderer Orden, damals üblich waren
und z. B. gern als Neujahrsgeschenke oder Prämien verwendet wurden.[70]

<h1 style="text-align:center">III</h1>

Köln 1623 galt bisher als die früheste und zugleich an Umfang bedeutendste Quelle der anonymen Lieder von Spee. Von ihren 119 Liedern
hatte GOTZEN mehr als 90 – mindestens 86 davon sind bei BÄUMKER u. a.
namhaft zu machen – Spee zugewiesen. Es ist nunmehr, nach Bekannt-
werden neuer Quellen, offenkundig, daß die Mehrzahl der neuen Lieder
von *Köln 1623* bereits vor 1623 veröffentlicht worden ist: aus K, W^1
(und X) und W^2 sind es – ungeachtet der verschiedenen Fassungen – 50
Lieder, die sich nachweislich, und drei Lieder (Nr 32, 54 und 56 dieser
Edition), die sich höchstwahrscheinlich in dem verschollenen Kölner Liederbuch von 1623 befunden haben.[71] Ferner ist jetzt klar ersichtlich, daß
die beiden Würzburger Volmar-Drucke W^1 und W^2 den Herausgebern
von *Köln 1623* als unmittelbare Vorlagen gedient haben und fast vollständig und unverändert in *Köln 1623* aufgegangen sind. Das beweisen
folgende Beobachtungen: 1. Die Vorrede von W^1 (sechs Absätze) ist mit
der von BÄUMKER mitgeteilten Vorrede[72] von *Köln 1623* (sieben Absätze) mit Ausnahme je der Absätze 1–2 fast vollständig identisch (Vorrede W^1 Abs. 3–6 = Vorrede *Köln 1623* Abs. 3–7). 2. Von den bei BÖHME,
BÄUMKER und MOHR zu verschiedenen Liedern mitgeteilten Seitenanga-
ben aus *Köln 1623* ist abzulesen, daß *Köln 1623* bei der Übernahme von
Liedern aus W^1 und W^2 den Zusammenhang innerhalb der drei betreffenden Gruppen: Lieder „*von Pfingsten biß zum Aduent*" (W^1), Tugendlieder (W^1) und Weihnachtslieder (W^2) wie auch die ursprüngliche Reihen-
folge der Lieder innerhalb dieser Gruppen gewahrt hat. Und zwar stand
die Gruppe der Lieder „*von Pfingsten biß zum Aduent*" (W^1) gleich vorn
am Anfang von *Köln 1623*, gefolgt von der Gruppe der Weihnachtslieder
(W^2), während sich die Tugendlieder (W^1) mit anderen Liedern im hin-

---

70 Vgl. auch Fn. 68.
71 Vermutlich auch Lied 18, obwohl sichere Hinweise fehlen.
72 B 2 S. 57/8.

teren Teil von *Köln 1623* befanden. 3. Damit stimmt überein, daß *Köln 1623* die Lieder von *W¹* und *W²*, nach BÄUMKERS Edition (Melodie + erste Strophe) zu urteilen, unverändert und mit denselben Liedüberschriften übernommen hat; ganz offensichtlich wurde auch die Einteilung von *W²* in „*Tractátlein*" beibehalten.[73]

Daraus folgt, daß die frühen Spee zugewiesenen, anonymen Lieder nicht geschlossen von *einem* Druck (*Köln 1623*) in *einem* Jahr und an *einem* Ort veröffentlicht worden sind, sondern von mehreren Drucken über mehrere, wohl kurz aufeinanderfolgende Jahre hin an zumindest zwei Orten, Köln und Würzburg. Es ist zu vermuten, daß *Köln 1623* über *W¹* und *W²* hinaus noch weitere, unbekannte Einzeldrucke dieser Art in sich vereinigt. Der Titel des verschollenen Liederbuches lautet nach BÄUMKER: *Außerlesene, Catholische, Geistliche Kirchengesäng von Pfingsten, biß zum Aduent, 2c. Weinacht Jubel, 2c. Fastengesäng, 2c. Oster Jubel, 2c. Wallieder, 2c. Vnd Allerley durch das gantze Jahr zu singen.*[74] Die Lieder für die zweite Hälfte des Kirchenjahrs aus *W¹* entsprechen dem ersten der im Titel von *Köln 1623* genannten Teile, den Liedern „*von Pfingsten bis zum Aduent, 2c.*", die Weihnachtslieder von *W²* dem Teil 2, den „*Weihnacht Jubel, 2c.*", und die Tugendlieder von *W¹* fanden ihren Platz in Teil 6: „*Vnd Allerley durch das gantze Jahr zu singen.*" Man bemerkt auch wörtliche Anleihen des Titels von *Köln 1623* bei dem Titel von *W¹*. Für die Teile „*Fastengesäng, 2c.*" und „*Oster Jubel, 2c.*" von *Köln 1623* – der Teil „*Wallieder, 2c.*" bestand vermutlich überwiegend aus traditionellen (älteren) Bittgangs- und Wallfahrtsliedern – fehlen *W¹* und *W²* vergleichbare Einzeldrucke. Möglicherweise stellt die 1620 in Würzburg von Johann Volmar gedruckte anonyme Schrift *Threni oder Klaglieder, in welchen Christi Marter, Creutz, Wunden vnd Leiden in der Fasten betracht wird* – der Titel wird bei E. WELLER[75] genannt, ein Exemplar ist nicht zu finden – die erste Veröffentlichung der Spee zugewiesenen Passionslieder dar und ging dem Teil 3 von *Köln 1623*, den „*Fastengesäng, 2c.*", voraus.

Unter den von GOTZEN als neu angesehenen und Spee zugewiesenen Liedern von *Köln 1623*, die nicht aus *W¹* oder *W²* übernommen worden sind, befindet sich auch das Lied „*Kommt all herzu, ihr Engelein*", das inzwischen schon in dem (GOTZEN nicht bekannten) Liederbuch der Köl-

---

[73] Vgl. B I 69 II (Ü).
[74] B 2 S. 33 Nr 62.
[75] EMIL WELLER: Annalen der Poetischen National-Literatur der Deutschen im 16. und 17. Jahrhundert. Bd 2. Freiburg i. Br. 1864. S. 199 Nr 389.

ner Franziskanerobservanten (Köln 1620) nachgewiesen werden konnte.[76] Der anonyme Herausgeber von *Köln 1623* hat es offensichtlich diesem Druck entnommen und – nach der Fassung im GB Brachel ⟨Köln⟩ 1625 zu urteilen – nur an wenigen Stellen metrisch geglättet. Den Nachweis zu führen, daß Spee diese geringfügige Umarbeitung vorgenommen habe, dürfte schwerfallen. *Köln 1623* hat nach BÄUMKER auch noch ein Lied aus einem Kölner Zweiliederdruck der Unbeschuhten Karmeliter von 1622 übernommen;[77] nichts deutet indessen auf Spees Verfasserschaft hin. Dagegen kann von den derzeit bekannten bzw. erschließbaren acht von elf Liedern aus dem verschollenen *Triumphwagen* (Köln 1622), den GOTZEN in den Kreis der auf Spees Mitarbeit zu untersuchenden Quellen einbezogen wissen wollte, das Lied „O Lilgen schneeweiß" (Nr a2 dieser Edition) in Betracht gezogen werden.[78]

Damit ist der Kreis der bis jetzt bekanntgewordenen Lieder und Quellen, die vor 1623 – vor *Köln 1623* – erschienen sind und für die Bestimmung des Umfangs von Spees anonymer Liedproduktion in Frage kommen, genannt.[79] Im Lichte der seit GOTZEN veränderten, neuen Quellenlage erfahren die bereits eingangs angeführten Thesen und Argumente GOTZENS, die ihn seinerzeit veranlaßten, diese Lieder Spee zuzuschreiben, wohl gewissen Modifikationen – außer Kraft gesetzt oder gar widerlegt sind sie nicht. Als Kenner des mittelalterlichen geistlichen Lieds und des katholischen Kirchenlieds des 16./17. Jahrhunderts hat GOTZEN richtig

---

[76] MICHAEL HÄRTING: Vier Kirchenliederdrucke der Kölner Offizin des Peter von Brachel. In: Kirchenmusikalisches Jahrbuch 50 [1966] S. 106.

[77] Vgl. B 2 S. 192 (unter Nr 170), dazu S. 33 Nr 61.

[78] Bei BÄUMKER sind folgende Lieder genannt: (1) „O Gott und Fürst der Ehren", (2) „O Ignati, du edler Held", (3) „O Ignati, o edler Held" und (4) „Singt, ihr Heiden, seid alle froh"; indirekt erschließbar sind folgende Lieder: (5) „Gelobet sei Gott ewiglich", (6) „Himmel und Erden stimm zusamm", (7) „O heiliger Ignatius" und (8) „O Lilgen schneeweiß". Weitere Lieder konnten noch nicht ermittelt werden. – Das Lied „O Lilgen schneeweiß" (Nr a2 dieser Edition) weist eine auffallende formale (z. T. auch inhaltliche) Übereinstimmung mit dem in dieser Edition unter Nr 15 abgedruckten Lied „O Ros, schöne Ros" auf. Beide Texte benutzen dieselbe Melodie, möglicherweise liegt beiden ein gemeinsames (unbekanntes) Modell zugrunde. Die in Str. 6 Z. 9 und 10 gebrauchten eigenartigen Metaphern finden sich wieder in Lied 50 Str. 6 Z. 3 resp. Str. 5 Z. 1 (vgl. auch die dazugehörigen lateinischen „notae").

[79] Das bei HAMACHER: Lieder S. 196/7 genannte Lied aus dem GB Paderborn 1628 „Ave Jungfrau Maria, schau", das bereits in dem vom Paderborner Reihengesangbuch abhängigen Jesuitengesangbuch Erfurt 1622 S. 272 zu finden ist, weist auf einen anderen stilistischen Zusammenhang als den in dieser Edition vorgelegten Texte.

erkannt, daß im dritten Jahrzehnt des 17. Jahrhunderts in den katholischen Liederbüchern eine zusammenhängende Gruppe von Lieddichtungen auftritt von einer formalen und stilistischen Beschaffenheit, die aus dem bis dahin gewohnten Bild herausfällt und einen qualitativen Sprung gegenüber der älteren religiösen Gebrauchslyrik bedeutet. Auffallend ist vor allem der literarische Ehrgeiz der neuen Texte, der sich in der Verwendung Rhetorischer Figuren wie Parallelismus, Antithese und Häufung, in reicher Metaphorik, in Bildern und Vergleichen, kunstfertiger Reimbildung und großer Reinheit des Reims [80] und in alternierend-regelmäßigem Versbau äußert. Dadurch heben sich die Texte merklich vom handwerklich-schlichten geistlichen Lied des vorangehenden Jahrhunderts und noch der Jahrhundertwende ab. Sie tragen die Zeichen einer neuen Zeit, in ihnen gewinnt die katholische Lieddichtung Anschluß an die hohe zeitgenössische Lyrik und betritt den engeren literarischen Bereich. Damit soll zunächst nur – unter Zurückstellung der Frage nach der Entstehungszeit und dem Verhältnis von Originaldichtung und Nachdichtung – auf den zeitgenössisch-modernen Charakter der Texte, in denen natürlich die Tradition des Volks- und Kirchenlieds des 15./16. Jahrhunderts vernehmlich nachwirkt, und auf den Abstand gegenüber der früheren Lieddichtung hingewiesen werden.

Nun handelt es sich bei diesen neuen Liedern nicht etwa nur um eine Handvoll, sondern um eine recht bedeutende Zahl, deren zweites Merkmal neben ihrer „Modernität" die Einheitlichkeit der lyrischen Darbietungsweise, der Sprachbehandlung, des Versbaus, die einheitliche Prägung des poetischen Materials, des Vorrats an Bildern, Formeln und Motiven, schließlich der Gleichklang der Gedanken und Gehalte sind.[81] Eine so

---

[80] Die Vorrede von *Köln 1623* weist den Leser auf die *„wolgehechleten Reymen"* hin, B 2 S. 57.

[81] Aus der Vielzahl wiederkehrender Formeln, Motive, Bilder und Vergleiche eine Auswahl von Parallelstellen (siehe auch Fn. 113): 1.5,4 – 18.9,3 – 48.7,4 – a1.6,3; 6.1,4 – 28.5,3 – 48.3,3; 1.4,1 – 2.2,2; 4.3,1–2 – 19.5,7; 6.1,3–4 – 48.3,1–2; 19.4,3 – 53.1,4; 25.6,4 – 52.1,3; 4.1,1+3 – 6.8,1–2 – 34.4,1–2 – a1.4,5–6; 10.1,1–2 – 11.5,1–2 – 12.2,1+3; 14.5,3–4 – 60K.7,1–2 – a2.1,13/14; 20.7,1–2 – 25.7,5–6 – 58K.17,1–2; 9.8,1–2 – 10.1,3 – 11.5,2+6,1; 6.7,6 – 8.3,7; 10.8,5 – 18.6,3; 9.3,1 – 18.7,2 – 45.4,1 (auch *45.4,1); 15.5,7+12+16 – *53.9,3; 22 (Ü) – 26.3,3 – 27 (Ü); 40.7,1 – 60K.4,2 – a1.8,5; 1.6,3 = 2.1,4 (identische Zeile); 12.3,4 – 16.5,1–2; 19,6 – 45.4, 46.1,4 – 57.5,2; 28.9,5 – 29.2,1–2; 44.3,1–2 – 60K.12,1–2; 45.6,3 – 60K.14,1; 2.2,1(ff.) – 7.4,1–2 – 9.6,2 – 10.6,1+3 – 12.3,1–4 – 16.5,1–2 – 18.3,1–2 – 19.2,1 – 35.6,2 – 42.5,3+6,1+3 – 56.5,1 – 58K.8,1–2 – 60K.12,3; 18.2,1+2,4 – 35.2,3 – 36.4,5 – 41.5,1(ff.); 18.2,3 –

umfangreiche Gruppe von solcher Homogenität dürfte wohl nur, wie bereits GOTZEN folgerte, auf *einen* Verfasser zurückgehen, und zwar auf eine historisch greifbare Person, deren dichterische Fähigkeiten vermutlich auch anderenorts in Erscheinung getreten sind. Die Richtung, in der Ausschau zu halten ist, wird von den Quellen gewiesen, in denen die Lieder zum erstenmal auftreten, d. i. *K*, *W¹*, X und *W²* (und *Köln 1623*), und die, wie bereits gezeigt wurde, jesuitischen Ursprungs sind und mit Köln und Würzburg in zwei Orten der in dieser Zirkumskription bis 1626 bestehenden Rheinischen Provinz[82] der Gesellschaft Jesu erschienen. Von den Ordensmitgliedern aus dieser Provinz sind in dem in Betracht zu ziehenden Zeitraum nur zwei Schriftsteller mit Lieddichtungen namentlich hervorgetreten: der Schwabe Georg Vogler (1585–1635) und der vom Niederrhein stammende Friedrich Spee (1591–1635). Vogler, der überwiegend in Würzburg als Katechet tätig war[83], veröffentlichte dort 1625 den bereits zitierten *Catechismus*, ein umfängliches Kompendium für die Kirchen- und Schulkatechese, das zahlreiche Auflagen erlebte und eines der Standardwerke des Religionsunterrichts im 17. Jahrhundert war. Wie Vogler in der Vorrede[84] sagt, zieht er darin die Summe aus zwanzig Jahre katechetischer Praxis. Das Buch enthält 152 Lieder und gereimte Katechismustexte, von denen der größere Teil aus früheren Quellen, ein weiterer Teil jedoch wohl von Vogler selbst stammt.[85] U. a. übernahm Vogler aus *W¹* drei Lieder (Nr 11, 17 und 32 dieser Edition). Das Lied „*Bei guter Zeit dich schlafen leg*" (S. 599), auf die Melodie des 24. Psalms des Genfer Liedpsalters zu singen, plagiiert das Reimgedicht (Nr a1 dieser Edition) aus *X*. Wenn Vogler tatsächlich die neuen Lieder und Reimtexte seines *Catechismus* selbst verfaßt hat, scheidet er aus dem Kreis der möglichen Lieddichter von *K*, *W¹*, *X* und *W²* (und *Köln 1623*) aus, denn diese Texte stellen ganz kunstlose Versifizierungen des Katechismusstoffs dar und zeigen nicht den geringsten literarischen Ehrgeiz. In verstechnischer Hinsicht fallen sie hinter die genannten Drucke zurück, da sie noch nicht den Zusammenfall von Wort- und Versakzent

---

26.2,2 – 35.6,1 – 36.3,4–5 – 40.3,1 – 41.1,1(ff.) – 42.5,1 – 44.2,2 – 60K.15,3; 7.3,1–2+4,4+6–9 – 18.8,3–4 – 19.4,2–6 – 37.3,2; 9.6,2 – 18.1,2 – 19.3,1 – 29.4,2; 8.1,6 – 10.5,3; 39.2,3–4 – 40.6,1–2 – 44.4,3; 12.7,1 – 38.4,3+5 (auch 34.7,3); 22.6,2 – 26.1,1+5,8. – 30.2,2–8 kehrt fast wörtlich wieder in 53.2,2–4+3,1–4.
[82] DUHR: Geschichte Bd 2,1 S. 17.
[83] Vgl. GUIDO MARIA DREVES: *Art.* Vogler. In: Allgemeine Deutsche Biographie. Bd 40. Leipzig 1896. S. 169.
[84] B 1 S. 212–15.
[85] Ebd. S. 176/7.

beherrschen. Sprachlich-stilistische Verschiedenheiten treten hinzu. Vielleicht kommt Vogler aber als Herausgeber der Würzburger Drucke W^1, X und W^2 in Frage, möglicherweise hat der bewährte Würzburger Katechet auch das Widmungslied aus W^1 geschrieben. Es sollte in diesem Zusammenhang beachtet werden, daß der einstrophige Text an letzter Stelle von W^2 eine (offensichtlich nicht ganz korrekte) Vorwegnahme der ersten Strophe des gleichnamigen, im vollen Text zuerst in Voglers *Catechismus* veröffentlichten Lieds darstellt.

Bleibt aus der Rheinischen Provinz nur Spee. Als Lieddichter wurde er einem größeren Publikum erst 1649 durch die posthumen Veröffentlichungen des *GTb* und der *TrN* bekannt, wenn auch schon früher von beiden Werken etliche Abschriften von den Autographen umliefen. Zu Lebzeiten Spees wurde kein einziges Lied – wie überhaupt keine seiner Schriften – unter seinem Namen veröffentlicht. Die Gründe dafür sind noch immer unklar; sie mögen mit den großen Widerständen zusammenhängen, denen Spee in seinem Orden offenbar schon von sehr früh an ausgesetzt war. Die erste Fassung des *GTb* wird mit 1627/28 angesetzt [86]; das Werk geht, wie TH. VAN OORSCHOT annimmt, auf Vorarbeiten: Lieder, katechetische und andere kleinere geistliche Schriften zurück, die Spee um 1620 oder noch früher begonnen haben mag. [87] Die früheste Nachricht von schriftstellerischen Arbeiten (unbekannter Art) datiert von 1621. [88] Wann die erste Fassung der *TrN* anzusetzen ist, ist noch völlig ungeklärt; als vermutlicher Termin gilt herkömmlicherweise das Jahr 1629. Zum Zeitpunkt des Erscheinens von K, W^1, X und W^2 hielt Spee nach den vorhandenen biographischen Daten, die freilich alles andere als lückenlos sind, sich ständig in Mainz auf (1618–1623). Es ist nicht bekannt, daß Spee in dieser Zeit in Köln (K) oder Würzburg (W^1, X, W^2) gewesen wäre. In beiden Städten wird er freilich noch Verbindungen von seinen Aufenthalten während der Schüler- und Studentenzeit besessen haben, zudem können lebhafte und intensive Beziehungen zwischen den in der damals noch ungeteilten Rheinischen Provinz vereinigten drei bedeutendsten Ordensniederlassungen Köln, Mainz und Würzburg vorausgesetzt werden. Das Erscheinen der genannten Liedpublikationen in Köln und Würzburg kann also nicht als Argument gegen Spees Verfasserschaft gewertet werden.

---

[86] THEO VAN OORSCHOT: Friedrich Spees Güldenes Tugend-Buch. 2. Literarhistorische Abhandlung. Nijmegen, Phil. Diss. 1968 S. 45.
[87] Ebd. S. 36.
[88] BERNHARD DUHR: Neue Daten und Briefe zum Leben des P. Friedrich Spe. In: Historisches Jahrbuch 21 [1900] S. 349.

Auch der Erscheinungstermin der Schriften fällt nicht aus dem Rahmen dessen, was über Spees schriftstellerische Tätigkeit bekannt ist. Kein Argument gegen Spee kann in dem Vorkommen der mundartlichen Diminutivform mit der Endungssilbe „-le"[89], die nicht aus dem Niederdeutschen, Spees heimatlichem Idiom, stammen, gesehen werden. Spee mag sie aus dem fränkisch-würzburgischen Sprachgebrauch übernommen haben, wie er in der *TrN* bekanntlich auch andere mundartliche Wörter und Wortformen verwendet, die er in Würzburg kennengelernt haben dürfte.[90] Überdies gibt es gerade in der weihnachtlichen Liedpoesie eine schon ältere Übung, diese – möglicherweise von mittel- und neulateinischen Vorbildern angeregte – kosende Verkleinerungsform zu verwenden.

Natürlich ist nicht gänzlich auszuschließen, daß an den Kölner und Würzburger Schriften Autoren aus der Oberdeutschen Provinz der Jesuiten beteiligt waren. Hier sind im ersten Viertel des 17. Jahrhunderts die Ordensmitglieder Sigismund Bachham(m)er (1575–1636), Peter Franck (1574–1602) und Konrad Vetter (1548–1622) mit deutschen Liedern namentlich hervorgetreten. Beim Vergleich ihrer unter Namen veröffentlichten oder ihnen zuzuschreibenden Texte[91] mit den neuen Liedern in *K*, *W¹*, *X* und *W²* offenbaren sich jedoch – trotz manch auffälliger formaler und motivischer Übereinstimmungen – so starke Differenzen vor allem sprachlich-stilistischer Art, daß ihre Mitwirkung ausgeschlossen erscheint.

Die These, daß Spee die Lieder geschrieben hat, stützt sich nicht allein auf Beobachtungen äußerer Art, sie wird auch getragen von bestimmten inneren Kriterien. Hier steht an erster Stelle die metrische Gestaltung der Texte. Als Kenner des Kirchenlieds – und als Schüler von A. HEUSLER – mußte GOTZEN einer der hervorstechendsten Züge der anonymen Lieder, das prinzipielle Wägen ihrer Verse, sogleich auffallen, denn daß zum erstenmal in sämtlichen Liedern die natürliche Betonung bei alternierendem Gang erzielt wird, stellt in der Tat etwas Neues in der Geschichte der katholischen Lieddichtung dar. In der Interpretation der metrischen

---

[89] Z. B. 6.1,6 – 7.5,3 – 15.2,8 – 28.4,1 – 33.3,3 – 39.1,3+2,2+3,2+3,4 – 43.3,2+11,2 – *45.9,2 – *48.9,3 – 58K.18,2.

[90] Vgl. JOSEF SCHOENENBERG: Die Metrik Friedrich von Spes. Marburg, Phil. Diss. 1911. S. 25. Auch ROSENFELD: *Spee* S. 225/6. – In der Vorrede von *Köln 1623* erscheint „*Pfeifle"*, B 2 S. 57.

[91] Vgl. B 3 S. 348 (Bacchamer) und S. 351 (Franck). Zu Vetter siehe weiter unten S. 49/50.

Strukturen der vier hauptsächlichen Gattungen der Lieddichtung des 16. und frühen 17. Jahrhunderts: Volkslied, Meistergesang, sog. Gesellschaftslied und Kirchenlied hat sich die Forschung noch keine einheitliche Meinung gebildet. Im Kirchenlied, aus dessen Schoß die vorliegenden Lieder hervorgegangen sind, wurden nach vorherrschender Annahme die Verse weitgehend alterniert unter Vernachlässigung der natürlichen Betonung, also sprachtonwidrig. Die neuen Lieder von K, W^1, X und W^2 zeichnen sich nun allesamt durch ein neues Verhältnis zwischen Versakzent und Wortbetonung aus: unter Einhaltung eines regelmäßigen Wechsels von Hebung und (einsilbiger) Senkung, also strenger Alternation, fallen nun auch stets Wortakzent und Versiktus zusammen. Diese Feststellungen bedürfen allerdings insoweit einer gewissen Modifizierung, als einmal an einigen wenigen Stellen das erstrebte Ziel eines gewogenen Auf und Ab doch verfehlt ist und schwere Tonverletzungen stehengeblieben sind – das bekannteste Beispiel ist wohl die Anfangszeile des Lieds „O unübérwindlicher Held" (Nr 17); ferner finden sich etliche Male sprachtonwidrig gehobene Nebentöne und auch Verstöße gegen den Satzakzent – eine Erscheinung, die auch zum Bild der Opitz'schen Dichtungen gehört und nicht unter das von Opitz ausgesprochene Verdikt über Betonungen senkungsfordernder Silben fällt. Auch muß gegen GOTZEN und ROSENFELD festgehalten werden, daß Spee nicht der erste katholische Lieddichter war, der wägende Verse schrieb. Hierin ging ihm schon sein Ordensgenosse Vetter voraus; in welchem Umfang, wird noch zu zeigen sein. Die meisten Lieder bestehen aus Strophen mit durchgehend jambischen Versen. Es kommen allerdings auch trochäische Verse vor: in Lied 4 die erste Verszeile des Kehrreims (nach älterem Vorbild); in Lied 53 der ganze Kehrreim (vielleicht nach älterem Vorbild?); in Lied 3 sind von den sechs Verszeilen jeder Strophe jeweils die ersten vier jambisch, die fünfte trochäisch, die sechste wieder jambisch (wohl nach älterem Vorbild); die Verse von Lied 15 und Lied a2 (noch ziemlich holprig) endlich sind rein trochäisch. Zur Herstellung einsilbiger Senkungen dienen nicht selten kleine Sprach- und Wortveränderungen, vor allem sprachliche Ellipsen und Wortverkürzungen, die allerdings auch in Spees Prosa zu beobachten sind.

Man sieht: diese in den Jahren 1621 und 1622 veröffentlichten Verse entsprechen den Forderungen des für die neuere deutsche Lyrik grundlegenden Betonungsgesetzes, das Martin Opitz 1624 formuliert hat. Sie haben teil an der nach der Mitte des 16. Jahrhunderts einsetzenden Reform der neuhochdeutschen Reimdichtung. Ihr anonymer Verfasser muß ein klares poetologisches Bewußtsein von den Verskunstproblemen seiner Gegenwart gehabt haben. Diese Schlußfolgerung trifft nur auf *einen* katholischen Schriftsteller der Zeit zu, auf Spee, der bekanntlich auch mit einem theoretischen Beitrag zur neueren deutschen Poetik, den „*Merckpünctlein*" in der *TrN*, hervorgetreten ist. Die sprachtongemäße Alternation spielt darin eine besonders wichtige Rolle. Metrische Probleme haben Spee auch schon beim Schreiben der Lieder des *GTb* (erste Fassung 1627/28) beschäftigt.[92]

Nicht nur verstechnische Indizien deuten auf Spee hin, es bestehen darüber hinaus auch, wie schon GOTZEN und ROSENFELD an mehreren Beispielen gezeigt haben, zahlreiche direkte Parallelen zwischen den anonym und den unter Spees Namen überlieferten Lieddichtungen, ja auch der Prosa des *GTb* und anderen deutschen Schriften und Briefen von Spee. Vor allem sind Übereinstimmungen sprachlich-stilistischer Art festzustellen: im Wortschatz, im Sprachgebrauch, in der Verwendung von Formeln und Motiven, von Rhetorischen Figuren, Metaphern und Bildern. Z. B. die formelhafte Wendung „*Gestrickt / gestickt*" (35.5,2) findet sich in der Prosa des *GTb* [VAN OORSCHOT 274, 18 (*Pa*)] wieder; die Verse „*Der hiṁlisch bott von oben Durch lufft / vnd wolcken drang /*" aus der *TrN* [ARLT 198, 10-11] sind schon in den Eingangsversen von Lied 37 dieser Edition vorgeformt. Das sind nur zwei aus der Vielzahl von Parallelen und Anklängen, die ein systematischer Vergleich wird offenlegen können. Leider fehlt noch eine überzeugende Definition der Spezifika von Spees Sprach- und Ausdrucksweise, seines „Individualstils". Ältere Untersuchungen leiden an der isolierten Betrachtungsweise, mit der sie das Thema behandelt haben. So wurden als wesenseigene Elemente Spee'schen „Stils" vorgestellt, was in Wahrheit gemeinsamer Bestand der Frühzeit des 17. Jahrhunderts ist. Nach dem Zweiten Weltkrieg hat sich das Interesse an Spee auffällig auf die sog. werkimmanente Interpretation verlagert, und Ansätze einer vergleichenden Analyse auch im internationalen Maßstab, wie sie bei E. JACOBSEN[93] zu finden sind, wurden kaum fortentwickelt. Die Bestimmung des Verfassers nach stilistischen Kriterien fiele anderenfalls leichter. Trotz aller Werkimmanenz fehlt auch noch eine deutliche Vorstellung von den eigengeprägten Gehalten, vom gedanklichen Aufbau der Spee'schen Dichtungen. Wenn dies gelingt, wird es auch möglich sein, die bereits von GOTZEN geäußerte und in der Tat schwerlich anzuzweifelnde

---

[92] Vgl. *GTb*, VAN OORSCHOT 137, 2-7 u. 176, 26-27.
[93] ERIC JACOBSEN: Die Metamorphosen der Liebe und Friedrich Spees ‚Trutznachtigall'. Studien zum Fortleben der Antike 1. København 1954. (Det Kongelige Danske Videnskab. Selskab. Hist.-filol. Meddelelser. 34,3.)

Behauptung, daß zwischen den anonymen Liedern und Spees Dichtungen eine innige Verwandtschaft in Gedanken, Anschauungen und Gehalt herrscht, endgültig gesichert werden.

Neues Licht auf die Verfasserfrage fällt auch von der Quellenlage her. Es wurde bereits gezeigt, daß mit Ausnahme der elf Lieder in *K* alle früher als 1628 veröffentlichten Lieder ihren Weg in die katholische Liedliteratur nicht wie üblich über eines der kirchenamtlichen oder halboffiziellen jesuitischen, zumeist vielaufgelegten Gesangbücher nahmen und dort sich mit vielen alten, traditionellen Liedern den Platz teilten, sondern über *Köln 1623*, eine Publikation, die zu vier Fünfteln aus den von Spee bis 1623 geschriebenen und mindestens teilweise bereits vorher veröffentlichten Liedern bestand, und deren vornehmliche Aufgabe – so darf angenommen werden – es war, diese Lieder am zentralen Umschlagplatz des jesuitisch-gegenreformatorischen Liedgesangs einem größeren Publikum in einer zusammenfassenden Sammlung zuzuführen. *Köln 1623* war also, was GOTZEN, ROSENFELD und anderen entgangen ist, ein Liederbuch von nichtherkömmlicher Art mit einem besonderen Auftrag. Übrigens lassen bestimmte Wendungen einiger Teile (Prosa), in denen sich der nichtgenannte Herausgeber äußert, es nicht ganz ausgeschlossen erscheinen, daß Spee sie inspiriert hat.[94] Seit dem Auftauchen neuer, bisher unbekannter Quellen ist nun evident, daß und woraus das Kölner Liederbuch geschöpft hat. Mit den Quellen *W¹* und *W²*, die *Köln 1623* direkt vorausgehen, verstärkt sich der Ausnahmecharakter dieser Quellengruppe, denn auch *W¹* und *W²* fallen, fast ausschließlich aus neuen Liedern zusammengesetzt, aus dem Rahmen üblicher katholischer Liederdrucke der Zeit. Eine ebenso auffällige Neuerung stellen die lateinischen Anmerkungen dar, die die frühere Liedliteratur (des katholischen Bereichs) nicht kennt, und die auch in dieser Form keine Nachfolge gefunden haben. In diesen *„notae"* oder *„glossae"* – unbekannt ist, ob und in welchem Umfang sie auch von *Köln 1623* aufgenommen worden sind – manifestiert sich der gelehrte Bildungseifer eines ehrgeizigen Dichters, der seine Beschlagenheit in vielen Literaturen vorzeigen möchte – Züge, die recht gut in das Charakterbild des jungen Spee hineinpassen.

---

[94] *Köln 1623* S. 133· *„Daß ich* [!] *aber ... zwey alte Gesänglein* [sc. B I 197 und B I 309 III] *also in jhren einfältigen, vngereyhmbten Reyhmen hab gelassen, ist die Vrsach, weil die Kinder vor Jahren diese Wort also gefast, vnnd quo semel est imbuta, etc. jetzt schwerlich ist auß krummen Höltzlein gerade Pfeil vnd Boltzen drechßlen, etc. Tu suauioribus, si habes, vtere numeris, etc."* Zitiert nach B 1 S. 609.

36

Die lateinischen Anmerkungen sind in mehrerer Hinsicht bemerkenswert. Nicht nur geben sie genaue Hinweise auf die Herkunft vieler in den Liedern verarbeiteter Motive, Metaphern, Vergleiche und anderer Gedanken und lassen auf die mutmaßliche Entstehungszeit der Lieder schließen, sie beweisen auch, daß die Lieder auf einheitlicher Grundlage entstanden sind. Bei W^2 könnte man geradezu von einer in sich geschlossenen Liederfolge sprechen: einheitlich konzipiert in der Abfolge der Themen – vgl. die Vorrede von W^2 – und in der lateinischen Kommentierung, die bis zum dritten Lied des letzten (fünften) Traktätleins durchgeht. Eine weitere Stütze für die These, daß die Lieder auf *einen* Verfasser zurückgehen. Damit erledigt sich ROSENFELDS gegen GOTZEN vorgebrachter Einwand, Spee habe vor und um 1623 die vielen, ihm zugewiesenen Lieder gar nicht schreiben können, da er, zumal kein *„zünftiger"* Dichter (!), mit vielen anderen Aufgaben beschäftigt, gar nicht die Zeit dazu gefunden hätte.[95] Wenn man nun aber mit ROSENFELD etwa aus W^2 einzelne Lieder als *„authentischen"* Spee akzeptiert, wird es schwerfallen, die Möglichkeit von der Hand zu weisen, daß auch die sie in W^2 umgebenden übrigen neuen Lieder von Spee verfaßt sein könnten. Das ungewöhnliche Erscheinungsbild der Drucke W^1, W^2 und *Köln 1623* deutet darauf hin, daß hier ein Einzelner mit seinen Lieddichtungen vor die Öffentlichkeit tritt, und die ebenso ungewöhnliche schnelle Aufnahme der Lieder bei den Zeitgenossen und ihr langes Nachleben weisen diesen Einzelnen als einen Dichter von Rang aus. Auf die Frage, weshalb Spees frühe Lieder anonym erschienen sind, läßt sich keine befriedigende Antwort finden. Soweit sie, wie in *K*, zum erstenmal in quasi-offiziellen Kirchengesangbüchern auftreten, wäre darauf hinzuweisen, daß dort in der Regel alle Verfassernamen unterdrückt sind; das gilt auch für die Quellen der 1628 und 1637 veröffentlichten Lieder. Im Falle der Einzelschriften W^1 und W^2 (auch *X* und *Köln 1623*) könnte die Begründung darin liegen, daß Spee zu diesem Zeitpunkt den vom Orden vorgeschriebenen Studiengang noch nicht abgeschlossen hatte, oder daß seine Ordensvorgesetzten aus einem anderen Grund glaubten, seinen schriftstellerischen Ehrgeiz bremsen zu müssen.[96]
Ein für die Verfasserfrage wichtiger Punkt wurde noch nicht erörtert: die Entstehungszeit. Einige Anhaltspunkte sind den Liedtexten unmittelbar zu entnehmen, so besonders ihre metrische Gestaltung, das voll entwickelte alternierend-akzentuierende Prinzip, das die Texte in die zeitliche

---

[95] ROSENFELD: *Spee* S. 159.
[96] Vgl. auch den Brief des Ordensgenerals Vitelleschi von 1621, Anm. 88.

Nähe zum jungen Opitz rückt. Auf die gleiche historische Stufe verweist auch der bereits kurz erwähnte Apparat poetischer Ausdrucks- und Darstellungsmittel, denen gern der nicht ganz zutreffende Begriff „frühbarock" zugeordnet wird. P. HANKAMER ahnte nicht – er hätte GOTZEN lesen sollen –, wie nah er einer richtigen Erkenntnis war, als er, von Johann Hermann Schein zu Spee übergehend, schrieb, fast könnte „manche Strophe eines jesuitischen und rheinischen Kirchenliedes ungefähr der gleichen Zeit Erzeugnis des Scheinschen Stiles sein" [97]. Einige Formelemente und Aspekte des poetischen Materials deuten also auf die Zeit um 1620. Von einer anderen Seite aus kann der Termin noch zuverlässiger eingekreist werden: durch die in den lateinischen Anmerkungen zitierten Schriften zeitgenössischer theologischer und anderer Autoren. Die jüngsten von ihnen fallen in das zweite Jahrzehnt des 17. Jahrhunderts und führen bis an das Jahr 1616 heran: *Der Welt Tummel- vnd Schaw-Platz* (Augsburg 1612) von Aegidius Albertinus (*W²* Blatt C11b), der Jesaiaskommentar (Lyon 1615, Antwerpen 1616, Mainz 1616) von Gaspar Sánchez SJ (*W²* Blatt A6b), der Levitikuskommentar (Antwerpen 1616) von Cornelius a Lapide SJ *(W¹* Seite 137). Wenn der Verfasser der Lieder und der Verfasser der Anmerkungen identisch sind, woran kaum gezweifelt werden kann, folgt daraus, daß die Lieder nicht vor dem zweiten Jahrzehnt des 17. Jahrhunderts geschrieben sein können.[98] Das stimmt wiederum gut mit den bekannten Daten aus Spees Biographie zusammen. Im Alter von 19 Jahren trat Spee 1610 in die Gesellschaft Jesu ein. Nach Aufenthalten in Trier und Fulda absolvierte er in Würzburg, wo ihm 1613 auch die sog. niederen Weihen erteilt wurden, von Ende 1612 bis 1615 die philosophischen Studien (niedere Weihen 1613). Danach wurde er als Gymnasiallehrer eingesetzt: 1615/16 in Speyer, 1616/17 bis 1617/18 in Worms, 1618/19 in Mainz. Nach Beendigung seiner Lehrerlaufbahn nahm er mit 28 Jahren im Herbst 1619 in Mainz den vorgeschriebenen vierjährigen theologischen Studiengang auf und blieb dort bis 1623 (Priesterweihe März 1622). Nach den aus den lateinischen Anmerkungen zu ermittelnden Daten dürfte der größere Teil der 1621 und 1622 veröffentlichten Lieder zwischen 1615 und 1621 (1622) entstanden sein, zwischen Spees 25. und 31. (32.) Lebensjahr. Die Lieder

---

[97] PAUL HANKAMER: Deutsche Gegenreformation und deutsches Barock. Die deutsche Literatur im Zeitraum des 17. Jahrhunderts. Stuttgart 1935. (Epochen der deutschen Literatur. Bd 2,2.) S. 162.
[98] Vgl. dazu auch die Ausführungen über Sebastian Barradas' Schriften unten S. 56/7.

fallen also hauptsächlich in die Zeit seiner Tätigkeit als Lehrer der Grammatik-, Poetik- und Rhetorikklassen und in die ersten Jahre seiner theologischen Studien. Vielleicht stehen W^1, X und W^2 auch mit dem 1621 von der Ordensleitung ausgesprochenen Publikationsverbot in Zusammenhang.

Für eine Entstehung in den Jahren 1615–1621 (1622) bieten sich auch aus der Untersuchung der mutmaßlichen Quellen derjenigen (älteren) Lieder, die Spee als Modelle für seine noch zu behandelnden Kontrafakte dienten, einige Hinweise. Ein Teil dieser älteren Melodien kann nicht früher als 1616 und 1615 nachgewiesen werden, die Melodievorlage zu Lied 4 sogar nicht vor 1620. Man vergleiche auch dazu den Abschnitt „Die Herkunft der Melodien" am Schluß der Edition.

Sind die vier Quellen, auf denen diese Edition basiert, Erstdrucke der in ihnen enthaltenen Lieder Spees? Auf diese Frage kann es weder eine klar bejahende noch verneinende Antwort geben. Keine der vier Schriften enthält einen direkten Anhaltspunkt zu ihrer Klärung. Auch verzeichnen die Bibliographien noch manche Titel katholischer Liederbücher aus den ersten Jahrzehnten des 17. Jahrhunderts, deren Inhalt nicht geprüft werden kann, da jede Spur von einem Exemplar fehlt. Nach der derzeitigen Quellenkenntnis also und bis zum Beweis des Gegenteils ist die Bezeichnung „Erstdruck" bei allen vier Schriften gerechtfertigt, zumal ihr Erscheinen mit der erschlossenen Entstehungszeit der Lieder recht genau übereinstimmt. In einem Punkt muß freilich differenziert werden: ein Teil der Lieder liegt in zwei Fassungen, einer älteren und einer jüngeren, ein anderer Teil in zweifacher Parallelüberlieferung aus demselben Erscheinungsjahr vor. Zehn der elf Spee'schen Weihnachtslieder aus K treten in W^2 in teils nur geringfügig, teils stärker abweichender Textgestalt wieder auf. Die Lage erinnert recht stark an die Überlieferung von GTb und TrN, allerdings mit dem Unterschied, daß hier keine Autographen und andere handschriftliche Quellen vorhanden sind und man deshalb weitgehend auf Vermutungen angewiesen ist. Zunächst fällt ins Auge, daß die Texte auf ihrem Weg von K nach W^2 zum großen Teil verkürzt worden sind. Viele Strophen von K wurden weggelassen, bei Lied 53 wurden Verse aus zwei Strophen von K zu einer Strophe in W^2 zusammengezogen, und aus den ziemlich langen Texten der zwei Lieder 58K (18 Str.) und 59K (12 Str.) aus K wurden in W^2 drei neue Lieder zusammengestellt. Aber auch der Text von Lied 60K (15 Str.) aus K bot offensichtlich den Stoff für mehrere Lieder aus W^2, vor allem Lied 39 und 40, aber auch 44 und 45. Neu hinzukommende Strophen finden sich in W^2 seltener. Man vergleiche hierzu den am Schluß mitgeteilten „Schematischen Vergleich". In den Kürzungen drückt sich ganz deutlich das Bestreben aus, gedankliche Wiederholungen zu vermeiden und ein höheres Maß an lehrhafter Eindringlichkeit und Prägnanz der Liedgestalt zu erzielen. Die Kürze der Lieder – „fein Teutsch in kurtzen Worten" (W^2, Vorrede)[99] – ist auch eines der auffälligsten Merkmale, wodurch sie sich von der älteren geistlichen Lieddichtung merklich unterscheiden. Ausgemerzt wurden auch alle Verse und Strophen aus K, die sich speziell mit der Stadt Köln, ihren Stadtpatronen, Bittgängen und Bruderschaften beschäftigen (Lied *48) und deshalb außerhalb Kölns kaum verständlich waren. Diese enge Beziehung zu Köln bestätigt übrigens, daß der Liedverfasser Rheinländer gewesen oder zumindest mit den kirchlichen Verhältnissen der rheinischen Großstadt vertraut gewesen sein muß. Auch innerhalb einzelner Strophen und Verse sind beim Vergleich der älteren mit der jüngeren Fassung zahlreiche Umarbeitungen zu beobachten. Sie führen zumeist zu einer größeren Annäherung an den natürlichen prosodischen Sprachfall, verbinden aber mit sprachtongemäßerer Alternation, syntaktischen Umstellungen, Wortverbesserungen und belebterem Reim- und Versklang stets und vor allem das Ziel, zu größerer Sinnschärfe und zugleich Sinnfälligkeit, zu plastischerem Ausdruck und zu einer kunstvolleren Einfachheit der Didaxe zu gelangen.

Die einheitliche Tendenz, die in diesen Änderungen sichtbar wird, spricht abermals für die These, daß die betreffenden Lieder auf *einen* Verfasser zurückgehen, der auch die Umarbeitung besorgt haben muß. Nicht zu entscheiden ist, ob die ältere Fassung von K zugleich die Erstfassung ist und aus ihr die jüngere Fassung von W^2 entwickelt wurde, oder ob beide Fassungen in direkter Linie auf eine unbekannte dritte, eine „Urfassung" zurückgehen. Bei den drei Liedern, die zur gleichen Zeit sowohl in W^1 als auch in X veröffentlicht wurden, zeigen sich nur geringfügige Lesartenunterschiede, die wohl auf Eigentümlichkeiten des Setzers zurückgeführt werden können. Einzig bei Lied 25 weist X gegenüber W^1 eine zusätzliche Strophe – inhaltlich eine Wiederholung – auf, was ein Indiz für die Priorität von X sein könnte.

Die neuen Lieder aus K, W^1 (X) und W^2 haben bei den Zeitgenossen sofort allergrößten Anklang gefunden. Über *Köln 1623* verbreiteten sie sich in kürzester Zeit in allen katholischen Gesangbüchern, die im zweiten Viertel des 17. Jahrhunderts und danach erschienen. Als die wichtigsten seien

---

[99] Vorrede von *Köln 1623*: „*Sihe ein Gesangbüchlein: darin viel vnd vielerley, vnd nicht zu viel, alles ordentlich, in wolgehechleten Reymen: in ausserlesnen Melodeyen kurtz, hell, vnd klar, u. s. w.*", B 2 S. 57.

davon genannt: das GB Brachel ⟨Köln⟩ 1625, das Münsteraner Jesuiten-gesangbuch, das in zwei einander ergänzenden Teilen vermutlich um oder bald nach 1621 bzw. 1623 veröffentlicht wurde, die 1628 in Bamberg, Mainz, Paderborn und Würzburg veröffentlichten Gesangbücher, das GB Molsheim 1629, das GB Erfurt 1630, das GB Corner ⟨Nürnberg⟩ 1631 und das an das Brachel'sche Reihengesangbuch anknüpfende *Psalterlein* (Köln) von 1637. Im katholischen Liedgesang behaupteten die anonymen Lieder Spees (auch die 1623 ff. erstveröffentlichten) eine dominierende Stellung bis hinein in die zweite Hälfte des 18. Jahrhunderts; die letzte Auflage des Kölner Jesuitenpsalterleins erschien 1813. In ihnen wurde zum erstenmal vernehmlich und beispielhaft der Ton einer neuen Epoche der geistlichen Lieddichtung angeschlagen, die poetische Sprache des 17. Jahrhunderts gesprochen; darin ist wohl die Erklärung für ihre erstaun-liche Wirkung zu suchen, die nicht nur auf den eigenen Konfessionsbereich beschränkt blieb. Schon GOTZEN hat von einem Beweis *ex eventu* dafür gesprochen, daß nur ein Dichter von Rang solch fortwirkenden Einfluß ausgeübt haben könne.[100] Von den kirchlichen Gesangbüchern besonders in den bäuerlichen Schichten aller deutschsprachigen Gebiete katholischer Konfession verbreitet, nahmen viele Speelieder die zweite Natur eines geistlichen „Volkslieds" an und gelangten als „Volkspoesie" in die Volks-liedsammlungen des 19. Jahrhunderts. Schon in *Des Knaben Wunderhorn* finden sich die Lieder 39 und 55 (zuerst *W²*, im *Wunderhorn* nach dem GB Brachel ⟨Köln⟩ 1625).[101]

Nur drei Lieder hat *Köln 1623* aus seinen unmittelbaren Vorlagen *W¹* und *W²* nicht übernommen: das nur für Würzburg bestimmte Kilianslied (Nr 7) und die Lieder 10 und 38. Bei Lied 10 mag der anspruchsvolle theologische Gedankengang Spee selbst bewogen haben, es zurückzuziehen; bei Lied 38 mag einer weiteren Verwendung die inhaltliche Überschnei-dung mit anderen seiner Weihnachts-, auch Marienlieder und die Popu-larität der neutexteierten (älteren) Liedmelodie mit deren ursprünglichem Text im Weg gestanden sein. Diese drei Lieder tauchen auch in keiner anderen späteren Quelle mehr auf, woraus auch hervorgeht, daß erst mit *Köln 1623*, worin alle übrigen Speelieder aus *W¹* und *W²* – offenbar

---

[100] GOTZEN *1928* S. 356/7.

[101] In Goethes Besprechung findet sich zu Lied 39 die hellsichtige Anmerkung: „*Geistreich, wobei man sich doch des Lächelns über ein falsches Gleichnis nicht enthalten kann.*" Zitiert nach LUDWIG ACHIM VON ARNIM und CLEMENS BREN-TANO: Des Knaben Wunderhorn. (Neudr. der Heidelberger Originalausgabe. Die Herausgabe besorgte OSKAR WALITZMANN.) Bd 3. Meersburg 1928. S. 425.

unverändert und in voller Länge – übergingen, die Wirkungsgeschichte der frühen Spee'schen Lieddichtungen eröffnet wurde.

Es kann nicht Aufgabe einer Einleitung sein, eine umfassende Analyse der zur Edition gelangenden Lieder zu bieten. Dies muß späteren Untersuchungen vorbehalten bleiben. Aus der Vielzahl der Aspekte, mit denen diese sich zu befassen haben werden, seien hier nur drei von besonderem Interesse herausgegriffen: die Abgrenzung von ursprünglicher Erfindung und Vorlagenarbeit, die Frage möglicher Vorbilder und schließlich die Position der anonymen Lieder innerhalb der voropitzischen Reformbestrebungen.

Eine nicht geringe Zahl von Liedern kann nicht als autonome Dichtung im Sinne ursprünglicher Erfindung angesehen werden, sondern gehört zur Kategorie der Liedkontrafaktur.[102] Unter diesen weit zu fassenden Oberbegriff fallen alle Verfahren, bei denen bei einer Liedmelodie der ursprünglich mit ihr verbundene oder verbreitete Text durch einen neuen Text ersetzt wird, mag dieser nun zu einem früheren Text im Abhängigkeitsverhältnis von Nachdichtung zu Vorlage stehen (primäre Kontrafaktur) oder gänzlich unabhängig von textlichen Vorbildern lediglich das von der Melodie gegebene metrische Gerüst ausfüllen (Neutextierung). Spee folgt hier einer für die geistliche Lieddichtung des Spätmittelalters und des 16. und frühen 17. Jahrhunderts charakteristischen Übung. Seine Kontrafakte zeigen fast alle Schattierungen zwischen Primärkontrafaktur und Neutextierung. Bei den Texten, die als Nachgestaltungen zu erkennen sind (Vorlage ist bekannt resp. erschließbar), handelt es sich ausschließlich um Kontrafakturen geistlicher Lieder. In der Regel hat Spee den älteren Text nicht in voller Länge kontrafiziert, sondern einige Strophen ausgelassen – in keinem Fall allerdings die Eingangsstrophe –, auch neue Strophen hinzugedichtet.

Ein Kontrafakt, das in jeder Strophe Anklänge an die Vorlage aufweist, stellt Lied 57 dar, das auf den zuerst im Achtliederdruck München 1604 nachweisbaren Liedtext mit gleichlautender Eingangszeile zurückgeht. Möglicherweise ist auch Lied 54, Kontrafakt auf das mittelalterliche „In dulci iubilo", eine solche „Vollparodie"; z. Z. können für die Strophen 1–4 die Vorbilder ermittelt werden, nicht aber für Strophe 5 (Neudichtung?). Musterfall einer primären Kontrafaktur bei Spee und anschauliches Beispiel dafür, wie überlegt und effektvoll Spee zu verändern weiß, ist Lied

---

[102] Die Lieder von *W1* werden in der Vorrede von *W1* „alt-newe Stücklein" genannt.

56. Ihm liegt, wie bereits G. WATERS[103] zu Recht annahm, der im GB Konstanz zuerst auftretende Text „*Gegrüßt seiest du, o Jesulein*" zugrunde. Weitere Kontrafakturen ähnlichen Ausmaßes sind Lied 11 (auf „*Dich edle Königin wir ehren*", T zuerst GB vdElst ⟨Köln⟩ 1607), Lied 19 (auf „*O ihr Heiligen, Gottes Freund*", TM zuerst GB Innsbruck 1588) und Lied 32 (auf „*Gelobt sei Gott der Vater*", T zuerst GB München 1586).

Gemeinhin zur Kontrafaktur gerechnet werden auch solche nach der Melodie angefertigte Übertragungen wie Lied 1, eine sich eng an das Original anschließende Übersetzung des lateinischen Hymnus „*Veni creator spiritus*", und Lied 3, eine etwas freiere Übersetzung des lateinischen Hymnus „*Pange lingua*". Lied 4 stellt, wie BÄUMKER schon feststellte[104], eine freie Bearbeitung des spätmittelalterlichen lateinischen Reimgedichts „*Adoro te devote*" dar, das seit dem frühen 17. Jahrhundert auch als Liedtext verwendet wurde; die hier kontrafizierte Liedfassung mit Melodie kann nicht vor 1620 nachgewiesen werden.[105]

Eine andere Spielart der Kontrafaktur entfernt sich schon stärker von der Vorlage. Lied 28 (auf „*Christ spricht zur Menschenseel vertraut*", T zuerst GB vdElst ⟨Köln⟩ 1607) übernimmt von seinem Modell vor allem die Anfangsstrophe und die Form des Gesprächs zwischen Christus und der Seele, läßt aber im übrigen keine der anderen Strophen des Modells durchscheinen. Auch Lied 50 (auf „*Nun laßt uns singen, dann es ist Zeit*", TM zuerst GB Paderborn 1609) benutzt nur die beiden ersten Strophen des Modells, von dem es auch die lateinischen Refrainzeilen hernimmt, geht aber im weiteren Verlauf eigene Wege.

Bei einer dritten Art von Kontrafaktur sind nicht mehr wörtliche Anklänge, sondern nur noch inhaltliche Ähnlichkeit festzustellen: Lied 23 (auf „*Betracht mit Fleiß, o frommer Christ*", verfaßt von Kaspar Ulenberg, T zuerst GB Quentel ⟨Köln⟩ 1599), Lied 25 (auf „*Wer Ohren hat zu hören*", T zuerst Achtliederdruck München 1604) und Lied 27 (auf „*Ach Jesu, lieber Herre*", TM zuerst GB Quentel ⟨Köln⟩ 1599). Solche Ähnlichkeit beschränkt sich bei Lied 34 (auf die Melodie des mittelalterlichen „*Gelobet seist du, Jesu Christ*") und Lied 35 (auf die Melodie des mittelalterlichen [?], von Luther bearbeiteten [?] Lieds „*Vom Himmel*

---

[103] GUSTAV WATERS: Die münsterischen katholischen Kirchenliederbücher vor dem ersten Diözesangesangbuch 1677. Eine Untersuchung ihrer textlichen Quellen. Münster i. W. 1917. (Forschungen u. Funde. H. 19.) S. 76.
[104] B 1 S. 724.
[105] HÄRTING: *Kirchenliederdrucke* S. 111–13.

hoch da komm ich her", T zuerst GB Klug ⟨Wittenberg⟩ 1529, M zuerst
GB Schumann ⟨Leipzig⟩ 1539, kath.: TM zuerst GB Leisentrit ⟨Bautzen⟩
1567) lediglich auf ein Motiv aus der Eingangsstrophe, Lob des Mensch
gewordenen Gottessohns im einen, das vom Himmel zur Erde nieder-
steigende Wort Gottes im anderen Falle. Schließlich kann man nur noch
eine Ähnlichkeit des Affektgehalts feststellen, etwa bei den auf Melodien
von Weihnachtscantionen geschriebenen weihnachtlichen Texten aus W^2.
Bei einer großen Zahl von Texten ist keinerlei Modellcharakter ersichtlich.
Da sie aber, wie das am Schluß mitgeteilte Verzeichnis der Herkunft der
Melodien zeigt, auf ältere Melodien geistlicher Herkunft geschrieben worden sind und seither diese nicht wechselten, ist nicht ausgeschlossen, daß
diese neuen Texte formal und metrisch nach den betreffenden Melodien
eingerichtet sind. Dies gilt sicher z. B. für Lied 17, das mit der Melodie
eines französischen Weihnachtslieds auftritt, die wiederum auf eine welt-
liche Chanson zurückgeht – neben Lied 23 übrigens der einzige Fall, in
dem bis jetzt Melodien des profanen Bereichs nachgewiesen werden
konnten. Dies gilt vermutlich auch für Lieder mit Texten von so auf-
fälligem Strophenbau wie z. B. dem einzigen rein trochäischen Lied 15.
Hier und in ähnlichen Fällen konnte nicht ermittelt werden, daß die
Melodie schon in früheren Quellen vorkommt. Der formale und metrische
Grundriß des Textes aber legt die Vermutung nahe, daß der Text auf
diese offenbar vorgegebene Melodie eingerichtet worden ist. Diese Frage
ist auch bei Lied 55 zu stellen; hier deutet u. a. auch die merkwürdige
Textierung des Melismas bei *„äugelein"* darauf hin, und auch die Tatsache,
daß die Melodie wenige Jahre später (GB Mainz 1628, GB Würzburg
1628) leicht retouchiert und um eben jenes Melisma verkürzt wurde. In
diesem Zusammenhang sei daran erinnert, daß Spee selbst das Verfahren
der Liedkontrafaktur im *GTb* bestätigt [VAN OORSCHOT 190, 8 ff.; 197,
30 ff.]; an einer Stelle heißt es gar: *„Die melodey hat mir trefflich wol
gefallen, vnd derowegen habe ich die vers etwas vngleich vnd vnordent-
lich darzu neigen vnd biegen müssen: ..."* [VAN OORSCHOT 137, 2–4].[106]
Auch aus der *TrN* ist das Verfahren nicht unbekannt.[107]
Bei mehreren Liedern ist überhaupt kein Modellcharakter, also auch keine
zwingende Verbindung zwischen Melodie und Text festzustellen. Wie die

---

[106] Vgl. auch VAN OORSCHOTS Anmerkungen zu *GTb* 51, 31 (S. 588) u. 408, 20
(S. 618).
[107] Vgl. B III 155 u. B 2 S. 350 (unter Nr 395). Ferner JOSEF GOTZEN: Über
die Trutz-Nachtigall von Friedrich von Spee und die Verbreitung ihrer Melodien.
In: Kirchenmusikalisches Jahrbuch 37 [1953] S. 68/9.

Überlieferungsgeschichte z. B. von Lied 14 und 16 zeigt [108], konnten und wurden die Melodien durch ähnlich gebaute ersetzt. Hier beschränkt sich die Melodie auf bloße Trägerfunktion.

Es klang bereits an, daß viele Melodien früheren Ursprungs sind als die Texte (W^2 besteht fast ausschließlich aus älteren Melodien). Als „neu" mit Vorbehalt ist nur etwa ein Drittel aller Melodien zu bezeichnen, während für rund zwei Drittel ältere Quellen bekannt sind. Und zwar stammen diese Melodien aus folgenden Repertoirekreisen:

Hymnen – 1–3, 11, 33, 56 (?)

geistliches lateinisches Strophenlied (Cantionen) – 36–37, 40–44, 46, 49, 51–52; 4 (?)

geistliches deutsches Lied katholischer Tradition – 13, 19, 23–27, 32, 34, 38, 45, 50, 54, 57

geistliches niederländisches Lied katholischer Tradition – 17, 22

geistliches deutsches Lied lutherischer Tradition – 28, 35

geistliches französisches Lied reformierter Tradition – 5

Unbekannter Herkunft sind die Melodien 6–10, 12, 14, 15 (a2), 16, 18, 20–21, 29–31, 47–48, 53, 55, 60K (39). Bis zum Beweis des Gegenteils darf angenommen werden, daß auch sie nicht erst zu den neuen Lieddichtungen geschrieben worden sind, sondern zum Zeitpunkt der Entstehung der Texte bereits vorlagen wie jene zwei Drittel nachweislich älterer Melodien. Die Frage ist kaum mehr, ob Spee die Melodien zu seinen Liedern selbst geschrieben hat, sondern vielmehr, woher er sie bezogen hat. Die noch vor wenigen Jahren aufgestellte Behauptung, der Kölner Jesuit Jakob Gippenbusch sei der Komponist der Liedmelodien [109], entbehrt nicht nur wegen der großen Zahl älterer Melodien, sondern auch da Gippenbusch erst 1612 geboren ist [110], jeder Grundlage. Eher ist anzunehmen, daß auch die Melodien von einstweilen unbekannter Herkunft aus dem überreichen, noch kaum gesichteten Bestand von Liedern vom ausgehenden Mittelalter bis zum 17. Jahrhundert stammen.

Kontrafaktur und Neutextierung beruhen auf vielerlei Erwägungen. Natürlich suchte man vor allem die Prägnanz und Verbreitung einer populären und erprobten Melodie zu nutzen. Bei den Speetexten wäre

[108] Vgl. B II 62 u. B II 32.

[109] LIPPHARDT: Art. Spee Sp. 1024.

[110] WILLI KAHL: Art. Gippenbusch. In: Die Musik in Geschichte und Gegenwart. Bd 5. Kassel 1956. Sp. 159. – Nach den Angaben mehrerer Ordenskataloge wurde Gippenbusch am 5. 1. 1612 in Speyer geboren. (Frdl. Mitteilung von Herrn P. Dr. Theo van Oorschot SJ, Nimwegen.)

aber auch noch auf einen Gesichtspunkt zu verweisen, der schon in der reformatorischen Liedperiode die Kontrafakte stark anwachsen ließ: die Verwendung des, Kontrafakturverfahrens, um in kurzer Zeit das Liedrepertoire um neue Texte für Feste und andere Zeiten und Gelegenheiten zu erweitern, für die es bis dahin wenig oder keine geeigneten Lieder gab – und gerade dies trifft auf die meisten Lieder von W^1 zu.

Im musikalischen Bereich handelt es sich bei den Kontrafakturliedern zumeist um sog. reguläre Kontrafaktur, d. h. die Melodien wurden ohne Veränderungen einfach übernommen. Irreguläre Kontrafaktur, d. h. leichte Bearbeitung, liegt, soweit feststellbar, nur bei Melodie 4 (Kürzung durch Streichung ganzer Melodiezeilen) und bei Melodie 39 (Melodie von Lied 60K ohne Kehrreim), vielleicht auch bei Melodie 13 vor.

Über die Einflüsse, die Spee in den Dichtungen des *GTb* und der *TrN* rezipiert hat, und über seine literarischen Vorbilder ist schon viel geschrieben worden, allerdings mangelt es auch hier noch immer an vergleichenden Untersuchungen auf breiter Grundlage. Die anonymen Lieder vor und um 1623 werfen neues Licht auf die Voraussetzungen und Grundlagen der reifen Lieder aus *GTb* und *TrN*, indem sie den Blick auf deren in der kirchlichen Gebrauchslyrik liegende Wurzeln freigeben. In den anonymen Liedern ihrerseits sind wiederum Einflüsse vielfältiger Art verarbeitet worden, von denen hier nur einige der weniger beachteten erwähnt seien. Außer Zweifel steht der jedermann leicht erkennbare Traditionszusammenhang mit dem geistlichen Lied, im engeren Sinn dem Kirchenlied speziell der gegenreformatorischen Liedperiode (etwa von 1570 an), in der die Kirche bewußt die volkstümlichen Cantionen und Lieder des (späten) Mittelalters hatte wiederaufleben lassen. Aus gleicher Intention wendet sich Spee einer von den gegenreformatorischen Gesangbuchkompilatoren besonders gepflegten Gattung des geistlichen Lieds zu, dem Ruf. Ausgeprägten Rufcharakter (sog. Kunstruf) besitzt z. B. Lied 13. Rufhafte Verse und typische Rufformeln finden sich auch in vielen dieser Gattung fernerstehenden Liedern. Stets bemüht sich Spee um einen möglichst volkstümlichen Ausdruck in Gedankenführung und Sprache, denn die Lieder sind – ähnlich wie das *GTb* – nicht für den Kunstverstand *„sehr gelehrter vnd hoher gemüter"*, sondern für *„andächtige, fromme, doch verstendige Seelen"* (*GTb*, van Oorschot 11, 4–5) geschrieben. Aus der vornehmlichen Bestimmung für den Katechismusunterricht und aus der gegenreformatorischen Intention entspringt auch der stark hervortretende didaktische Grundzug; in einigen Liedern überwuchert Didaxis so sehr, daß die liedhafte Rundung mißlingt, was auch ein Grund dafür sein mag, daß diese Texte sich nicht behaupteten oder frühzeitig zurückgezogen wurden (z. B. Lied 25). Keinen geringeren Einfluß als geistliches Volks- und Kirchenlied hat das deutsche „Gesellschaftslied" bürgerlich-weltlicher Herkunft ausgeübt. Häufiger Binnenreim und andere Reimkünste, die Freude an Fremdwörtern und manch andere verschnörkelte Formen stammen aus dieser Sphäre. Ein drittes Band verbindet Spees Lieder auf eine noch kaum offengelegte Weise mit der lyrischen Dichtung der Mittel- und Neulateiner. Nicht nur für die Versmetrik erhielt Spee Anregungen, auch sprachliche (Deminutiva) und rhetorische Formen, Stoffe und Motive bezog er von dorther. Einstweilen sind nur kleine Teile dieser Zusammenhänge sichtbar. So hat schon G. ELLINGER auf die antithetisch gesättigte Darstellung von herrlichem Gott – armseligem Mensch (z. B. in Lied 52) als einen sehr beliebten Stoff der neulateinischen Literatur des 16. Jahrhunderts hingewiesen.[111] In ausgedehnter Form begegnet sie in deutscher Sprache auch schon in einer kleinen (deutschen) Schrift des Jesuiten Paul Hoffaeus, gedruckt vor 1577.[112]

Von allen Quellen hat Spee am meisten aus der Bibel geschöpft, aus ihren Poesien, ihrer Kunstprosa, aus dem Parallelismus und den Antithesen ihrer Satzstruktur. Auch in den lateinischen Anmerkungen wird häufig auf das Alte und das Neue Testament hingewiesen; viele der angegebenen Schriften sind bibelexegetischen Inhalts. Dem *Hohen Lied* verdankt Spee die Motive der die Lieder durchziehenden Liebesmetaphorik.[113] Vom *Hohen Lied* sind, wie die direkten Zitate (5,13; 4,13; 4,16) zeigen, besonders die beiden Vorsprüche von *W¹* inspiriert; von dorther stammen die Ausdrücke „*Wurtzgärtlein*" (= areolae aromatum) und „*Lustgärtlein*" (= paradisus) im Titel, auch in der Vorrede von *W¹*. Daß ferner

---

[111] GEORG ELLINGER: Deutsche Lyriker des 16. Jahrhunderts. Berlin 1893. (Lateinische Litteraturdenkmäler des 15. u. 16. Jahrhunderts. H. 7.) S. VI.
[112] *Eine Lobsame Catholische Frolockung von wegen des new gebornen Königs Jesu Christi.* Dillingen: Sebald Mayer [vor 1577]. Theologische Abhandlung über die Menschwerdung Christi unter paraphrasierender Benutzung von lateinischen und deutschen Weihnachtsliedern, darunter „*Kommt her, ihr liebe Kinderlein*" mit Str. 2 „*Laßt uns das Kindlein wiegen*"; daran drei Weihnachtslieder, alle ohne Melodien. – In dieser Schrift des aus dem Rheingau stammenden Verfassers findet man u. a. die Verkleinerungsformen „*Kindle*", „*Kriple*", „*Schäfle*".
[113] Liebesfeuer: 1.2,3+4,2 – 10.3,3 – 56.7,1; Süßigkeit: 28.6,3 – 47.6,3 – *48.9,3 – 53.3,4 – a2.6,3; Antlitz: 30.2,2 = 53.2,2 – 53.6,4; Goldenes Haar: 19.3,4 – 29.4,1 – 30.2,5 = 53.3,1; Lippen: 29.5,3 – 30.2,6 = 53.3,2; Rot und Weiß: 30.2,3 = 53.2,3; Geruch: 19.3,5 – 30.2,7 – 53.5,2+8,3-4 – *53.9,1-2 – a2.2,3; Pretiosen: 9.7,1 – 10.1,3 – 14.6,2-3 – 18.1,2 – 19.3,3 – 29.4,3 – 30.4,2-4 – 50.3,3 – 53.4,2-3.

Spee häufig einfach nur die in den Glossen und Noten zitierte theologische Literatur paraphrasierend in gebundene Rede umsetzt (wie z. B. in Lied 31), wird im Teil „Anmerkungen" (zu den lateinischen Texten) dargetan. Welche Bedeutung Spee innerhalb der Frühgeschichte der neueren deutschen Lyrik zukomme, darüber ist bei den zuständigen Literaturhistorikern eine seltsame Unsicherheit zu spüren. Eine Mehrheit hat etwa folgendes Schema akzeptiert, das in der zuletzt erschienenen Zusammenfassung von M. SZYROCKI[114] referiert wird: Danach läuft die Entwicklung des „Kunstlieds" seit dem letzten Viertel des 16. Jahrhunderts in zwei parallelen Strängen auf Opitz' Dichtungsreform zu. Der eine Strang wird von den Dichtermusikern von Regnart bis Schein, der andere von den gelehrten Literaten Schede, Hoeck und Weckherlin repräsentiert. Dem Katholiken und Jesuiten Spee wird eine Stellung außerhalb der bürgerlich-protestantischen dichtungsreformerischen Entwicklungslinien zugewiesen als Vertreter einer katholisch-religiösen, neumystischen Sonderentwicklung; er stand „abseits vom deutschen Literaturbetrieb der Epoche"[115]. Spees dichtungstheoretische Äußerungen, die diesem Bild zuwiderlaufen, werden nur beiläufig erwähnt – bisweilen fehlen sie ganz.[116] Dieser mehrheitlichen Auffassung stehen einzelne Entwürfe, formuliert vor allem von J. G. BOECKH und Mitarbeitern, gegenüber, wonach Spee mit Hoeck und Weckherlin einer der drei großen Vertreter ist, „die einer Übergangszeit, den ersten Jahrzehnten des [sc. 17.] Jahrhunderts, das Gepräge verleihen"[117]. Er wird als „einer der programmatischen Bahnbrecher der deutschen Nationalliteratur" bezeichnet[118], da er gleichzeitig mit Weckherlin und Opitz, aber unabhängig von diesen, die bewußte Forderung nach einer nationalsprachlichen Dichtung erhoben und in der TrN realisiert habe.[119]

Wer die von der Literaturwissenschaft lange vernachlässigten anonymen Speelieder studiert, wird von den beiden konträren Auffassungen eher

---

114 Vgl. MARIAN SZYROCKI: Die deutsche Literatur des Barock. Eine Einführung. Reinbeck 1968. (Rowohlts deutsche Enzyklopädie. 300/01.) S. 59 ff.
115 Ebd. S. 165.
116 So z. B. bei BRUNO MARKWARDT: Geschichte der deutschen Poetik. 2. Aufl. Bd 1. Berlin 1958. (Grundriß der germanischen Philologie. 13,1.) Spee wird nicht erwähnt, vgl. Register S. 511.
117 Geschichte der deutschen Literatur, 1600 bis 1700. Von JOACHIM G. BOECKH [u. a.]. Berlin/DDR 1963. (Geschichte der deutschen Literatur von den Anfängen bis zur Gegenwart. Bd 5.) S. 47.
118 Ebd. S. 46.
119 Ebd. S. 36.

der zuletzt genannten die besseren historischen Argumente zubilligen wollen, denn die zwischen 1615 und 1621 (1622) entstandenen Lieddichtungen entsprechen in entscheidenden Punkten bereits den Opitz'schen Reformforderungen und muten wie eine Vorwegnahme des Programmpunkts aus der *TrN*-Vorrede an, „*zu einer recht lieblichen Teutschen poëtica die baan zu zeigen*" (Hs. Straßburg, ARLT S. XXXIII). Ein flüchtiger Vergleich etwa mit den ungefähr zur selben Zeit geschriebenen Dichtungen des Anonymus des sog. Raaber Liederbuchs [120], der manche Parallele mit den Speeliedern zutagefördert, lehrt, wie verfehlt es wäre, Spee auf einen Platz abseits von der Hauptentwicklung der zeitgenössischen deutschen Literatur zu stellen. Das genannte Liederbuch und andere zeigen aber auch, daß die apologetisch-einseitige Behauptung von GOTZEN, ROSENFELD und anderen, Spee habe als erster wägende Verse in deutscher Sprache geschrieben [121], unhaltbar ist, daß Spee vielmehr in den größeren Zusammenhang einer noch kaum erforschten, breiten historischen Strömung zur Versreform gehört, in der er neben Opitz eine prominente Rolle spielt. (Daß Spee früher als Opitz das nach diesem benannte Versbetonungsgesetz „gefunden" habe, ist eine Legende, die noch immer verbreitet wird.[122]) Im Bereich der katholischen Lieddichtung findet man die ersten Liedtexte, in denen bei alternierendem Gang Wort- und Versakzent in allen Versen zusammenfallen, in Vetters *Paradeißvogel* (Ingolstadt 1613). Diese Schrift enthält neben Liedern mit wägenden Versen (darunter zwei in trochäischem Versmaß) auch solche, in denen an manchen Stellen noch gegen den natürlichen Sprachfall alterniert wird; das trifft vor allem auf jene Texte zu, die Vetter aus seinem *Rittersporn* (Ingolstadt 1605) [123] übernommen hat. Um 1605 bereitete Vetter das Schreiben von wägenden Versen also noch einige Mühe. Vetters Beitrag zur Entwicklung des neueren deutschen Verses ist bisher noch in keiner Literaturgeschichte vermerkt worden, trotz des Hinweises von C. VON FABER DU FAUR: „*The*

---

[120] Das Raaber *Liederbuch.* Aus der bisher einzigen bekannten Handschrift zum erstenmal hrsg., eingel. u. mit textkrit. u. komment. Anm. vers. Von EUGEN NEDECZEY. Wien 1959. (Österr. Akad. d. Wiss. Philos.-hist. Kl. Sitzungsberichte. 232,4.) – Nach Auffassung des Herausgebers sind die Lieder zwischen 1590 und etwa 1620 entstanden, S. 21.
[121] GOTZEN *1928* S. 357. ROSENFELD: *Spee* S. 158.
[122] U. a. ROSENFELD: *Spee* S. 164. Wiederholt in ROSENFELD: *Studien* S. 31. – Opitz schrieb 1619 die ersten wägenden Verse, SZYROCKI: *Literatur* S. 67.
[123] Eine Ausgabe Ingolstadt: Johannes Hertzroy 1604 wird erwähnt bei AUGUSTIN DE BACKER: Bibliothèque de la Compagnie de Jésus. Nouvelle éd. par CARLOS SOMMERVOGEL. P. 1. T. 7. Bruxelles 1896. C. 625 n. 32.

language [sc. in Vetters *Paradeißvogel*] *is pre-Opitzian, but the regular
sequence of accented and unaccented syllables is strictly observed through-
out.*" [124] Spee wird die Dichtungen seines prominenten süddeutschen
Ordens- und Zeitgenossen gekannt und von ihnen wichtige Anregungen
für die Versbehandlung – stofflich-motivische Einflüsse sind weniger
evident [125] – empfangen haben. Spee dürfte auch den anonymen Achtliederdruck *Newe auserleßne Geistliche Lieder* (München 1604) gekannt
haben, der neben den Spee'schen Liederdrucken zu den besten Leistungen
dieses Gebiets im 17. Jahrhundert gehört, und dessen Lieder weite Verbreitung gefunden haben. Mehrere Anzeichen sprechen dafür, daß die
Schrift aus einem nicht näher bekannten Münchner Kreis von Jesuiten-
schriftstellern um Vetter hervorgegangen ist. Auch hier findet man bereits
das deutliche Bestreben, aus alternierenden Versen akzentuierende zu
machen. (Der Druck ist der früheste Beleg für das Lied „*Laßt uns das
Kindlein wiegen*" [126], das Spee in Lied 57 kontrafiziert hat.)
Die Frage, welche metrischen Vorbilder Spee beeinflußt haben, wird kaum
definitiv zu lösen sein. In den „*Merckpünctlein*" der *TrN* werden einzig
die liturgischen Hymnen erwähnt. In Betracht kommen zweifellos auch
zeitgenössische nationalsprachliche Schriften nichtdeutscher Herkunft, vor
allem das noch wenig beachtete, von flämischen Jesuiten (Bernard van
Bauhuysen?) herausgegebene Liederbuch *Het Prieel der Gheestelicke
Melodie* (Brügge 1609), dessen zahlreiche Auflagen nachweislich auch in
deutsche Jesuitenniederlassungen gelangten.[127] Das Buch, aus dem Spee
vermutlich die Melodien zu Lied 17 und 22 bezog, besitzt eine bemerkenswerte Vorrede, in der Spee alle Anleitung für seine Versbehandlung hat
finden können. Darin rechtfertigen und begründen die Herausgeber aus-
führlich die Eingriffe, die sie an Reim und Versbau der geistlichen (nieder-
ländischen) Liedtexte des späteren 16. und frühen 17. Jahrhunderts vor-
nahmen, um sie – im historischen Zusammenhang mit der gesamtnieder-
ländischen Dichtungsreform – auf den „*Französischen und Italienischen*

---

[124] Curt von Faber du Faur: German Baroque Literature. A Catalogue of the
Collection in the Yale University Library. New Haven 1958. P. 244.
[125] Zum Einfluß Vetters auf das *GTb* vgl. van Oorschot: *Friedrich Spees
Güldenes Tugend-Buch* S. 91/2.
[126] Vgl. auch Fn. 112.
[127] U. a. Ausgabe 1609 aus dem Trierer Jesuitenkolleg in der StB Trier (Mu
261), Ausgabe 1614 aus dem Mainzer Jesuitenkolleg in der StB Mainz (XIII
U 953).

Fuß" zu bringen, d. i. die Beachtung der natürlichen Betonung bei strenger Alternation durchzusetzen.[128]

IV

Eine Neuausgabe aller zwischen 1621 und 1637 veröffentlichten anonymen Lieder Spees nach den frühesten bekannten Drucken zu veranstalten, ist derzeit unmöglich wegen des Fehlens der wichtigen Quelle *Köln 1623*, die für rund 45 Lieder noch immer als Erstdruck anzusehen ist. Zwar könnten die Texte dieser Lieder nach späteren Liederbüchern, die von *Köln 1623* abhängig sind, wiedergegeben werden – in Frage kämen vor allem das GB Brachel ⟨Köln⟩ 1625, die 1628 in Mainz und Würzburg veröffentlichten Jesuitengesangbücher und das GB Erfurt 1630 [129] –, jedoch zeigt sich am Beispiel derjenigen Texte, die *Köln 1623* von *W¹* und *W²* übernommen und an die genannten Liederbücher weitergegeben hat, daß die von *Köln 1623* abhängigen Bücher die verschollene Quelle nicht voll ersetzen können. So sind z. B. die Lieder 6, 15, 20–22, 25 und 28 auf ihrem Weg von *W¹* über *Köln 1623* in das GB Brachel ⟨Köln⟩ 1625 um eine oder mehrere Strophen gekürzt worden, und es kann einstweilen nicht geklärt werden, ob dies bei der Herausgabe des Druckes von 1623 oder des von 1625 geschehen ist. Es besteht mithin auch keine absolute Gewißheit, daß die neuen Lieder von *Köln 1623* in den unmittelbar nachfolgenden Liederbüchern in authentischer Textgestalt überliefert sind; von einer Edition, die auf diesen basierte, sollte daher so lange Abstand genommen werden, als noch Hoffnung auf ein Wiederauffinden der verlorengegangenen Quelle besteht.

In der vorliegenden Ausgabe wurden zunächst nur die vor 1623 erschienenen Lieder zusammengestellt.[130] Sie sind nach ihren frühesten bekannten

---

[128] Vorrede Blatt +4b: *"Ten 3. wasser* [Blatt +5a] *een groote faute in alle de vlaemsche liedekens / die tot nu toe hebben ghedruct gheweest / dat de Veersen hier ende daer / eene / twee / oft dry syllaben te luttel oft te veel waren hebbende: Ock daerenbouen / alomme warender corte syllaben voor langhe / langhe voor corte gheset / het welcke int singhen een groote onbequamicheyt by bringt: ten mach niet lieghen. Eñ in dese faute vallen alle de Rhetoriciens eñ dichters / hoe goede Meesters sy oock zijn (behoudens haerlieder eere) als sy den sanck oft Musijcke niet en verstaen. Soo hebben wy dan onse Rhetorijcke gebrocht op den Fransoyschẽ eñ Jtaliaenschẽ voet / te weten op een sulcke / datter niet eẽ syllabe min oft meer en sy dan den sanc is vereysschende."*

[129] Vgl. MICHAEL HÄRTING: Das Erfurter Gesangbuch von 1630. In: Musica sacra 86 [1966] S. 286/7, 350.

[130] Eine Edition der 1623 und danach erschienenen Lieder bleibt späteren Arbeiten vorbehalten.

Quellen, die nach dem gegenwärtigen Stand als Erstdrucke angesehen werden dürfen, abgedruckt. Eine Ausnahme bildet einzig das Lied „O *Lilgen schneeweiß*", das, um alle vor 1623 erschienenen Lieder beisammen zu haben, nach dem GB Brachel ⟨Köln⟩ 1625 mit den Lesarten des GB Quentel ⟨Köln⟩ 1625 – die beiden Quellen treten an die Stelle des verschollenen Erstdrucks *Triumphwagen* (Köln 1622) – im Anhang mitgeteilt ist (Nr a2).[131]

Die Edition beruht auf den beiden Hauptquellen W^1 und W^2. Daß mit den Texten zugleich die Melodien abgedruckt sind, ohne deren Kenntnis vor allem die Gruppe der Kontrafakturlieder kaum zu erschließen wäre, bedarf keiner besonderen Rechtfertigung. Zu den Texten von W^1 ist die Parallelversion von X (ohne Melodien) im Lesartenapparat mitgeteilt. Was das Verhältnis vergleichbarer Textfassungen in K und W^2 betrifft, so wurde W^2 aufgrund der oben genannten Kriterien gleich einer „Ausgabe von letzter Hand" behandelt. Die älteren Fassungen von K erscheinen teils im Lesartenapparat, teils als besonders gekennzeichnete Einschübe im Haupttext. Eine Ausnahme mußte gemacht werden bei den Liedern „*Dies ist das wahre gülden Jahr*" und „*Lust, Reichtum, Pracht und eitel Ehr*" (K), aus denen die Lieder 41–43 (W^2) hervorgegangen sind; sie wurden, da im Lesartenapparat nur schwer zu registrieren, im Anschluß an die Lieder von W^2 unter neuer Liednummer mit nachgestelltem Buchstaben „K" mitgeteilt (Nr 58K und 59K). Desgleichen auch aus K das Lied „*Der Menschen Heil, ein kleines Kind*" (Nr 60K), das in W^2 keine direkte Nachfolge gefunden hat. Zu sechs Melodien von W^2 sind die früheren Fassungen von K im Lesartenapparat registriert.

Aus W^1 sind abgedruckt: das Widmungsgedicht, die Vorrede, der Vorspruch und 32 Lieder (Nr 1–32) nebst ihren lateinischen Anmerkungen. Aus W^2: der Vorspruch, die Vorrede und 25 Lieder (Nr 33–57) nebst den lateinischen „*notae*". Aus K: 3 Lieder im Haupttext (Nr 58K, 59K und 60K); 8 Lieder sind im Lesartenapparat bzw. als Einschübe unter den Nummern 44–45, 47–50 und 52–53 von W^2 verzeichnet. Im Anhang sind abgedruckt: das Reimgedicht aus X (Nr a1) in der begründeten Annahme, daß es von Spee verfaßt ist, ferner das genannte Lied aus dem *Triumphwagen* von 1622 (Nr a2). Bei der eigenartigen Quelle X wurde darauf verzichtet, auch das lateinische und deutsche Beiwerk, das dort das Reimgedicht und die drei Lieder umgibt, mitzuteilen. Die vier Stücke wurden nicht ohne einiges Zögern aus ihrem quellenmäßigen Zusammenhang her-

---

131 Vgl. Fn. 78.

ausgelöst, andernfalls hätte jedoch der gesamte Druck ediert werden müssen, was den Rahmen einer vornehmlich den Liedern Spees gewidmeten Ausgabe gesprengt haben würde.

Der Edition der Texte und Melodien schließen sich der Kritische Bericht, Anmerkungen zu den Texten und mehrere Verzeichnisse an.

Zur Einrichtung der Edition

Die Melodien und Texte (nebst den Lesarten) sind nach Fotokopien der Originale abgedruckt.

a) Die Texte

Schreibung und Zeichensetzung der Vorlagen wurden möglichst genau übernommen. Abbreviaturen wurden beibehalten, Ligaturen von Konsonanten wurden dagegen nicht berücksichtigt. Die Unterscheidung von Fraktur und Antiqua, von *I* und *J*, *i* und *j* wurde übernommen. Zwischen langem und rundem *s*, gewöhnlichem und rundem *r* wurde nicht unterschieden.

Offenkundige Druckfehler und andere unwesentliche Irrtümer des Setzers wurden stillschweigend berichtigt, alle übrigen Abweichungen von den Vorlagen sind im Kritischen Bericht vermerkt. Ergänzungen des Herausgebers sind durch eckige Klammern [ ] gekennzeichnet. Von der Ergänzung etwa fehlender Satzzeichen wurde grundsätzlich Abstand genommen. Am Außenrand ist die Seiten- (W^1), Blatt- (K) oder Bogenzählung (W^2 und X) der betreffenden Vorlagen mitgeteilt. Im fortlaufenden Prosatext bezeichnet ein Doppelstrich (‖) den Seitenschluß.

Die originale Zeilenteilung und -einrückung der Liedtexte wurde übernommen. Bei den Prosatexten wurde die Einteilung in Absätze u. ä. beibehalten, nicht jedoch die Zeilenbrechung der Vorlagen. Bei den Liedtexten beginnt grundsätzlich jede Ganz- oder Halbzeile mit einem Versal (Ausnahme: die den Melodien unterlegten Strophen) und endet jede Strophe mit einem Punkt; daraus sich ergebende Änderungen gegenüber den Vorlagen wurden stillschweigend vorgenommen. Ist einem Text eine Melodie beigegeben, so erscheint in den Vorlagen die erste Textstrophe nur einmal, und zwar unterlegt unter den Notenzeilen. In der vorliegenden Edition ist in diesen Fällen die Anfangsstrophe ein zweites Mal – ohne Melodie – abgedruckt; sie wurde dabei im äußeren Bild den nachfolgenden Strophen 2 ff. stillschweigend angeglichen, wohingegen Schreibung und Zeichensetzung der den Melodien unterlegten Texte getreu den Vorlagen folgen.

Wiederholungen von Zeilen im Liedtext wurden nur dann übernommen, wenn sie mit neuen Melodie-Zeilen übereinkommen. Wiederholungen identischer Text-/Melodie-Zeilen wurden auch dort beibehalten oder (unter Angabe im Kritischen Bericht) ergänzt, wo aufführungspraktische Hinweise in den Vorlagen es geboten erscheinen lassen. In allen übrigen Fällen geht aus der Einrichtung der Übertragung genau hervor, wo die Quellen Zeilenwiederholungen vorsehen.

Kehrverse sind grundsätzlich in allen Strophen eines Lieds ausgeschrieben. Notwendige Ergänzungen wurden stillschweigend vorgenommen.

Die Lieder von K (ausgenommen Nr 58K, 59K und 60K) und von X wurden folgendermaßen in die Edition eingearbeitet: (1) Enthalten die Fassungen von K und X Strophen, die in den Fassungen von W^2 bzw. W^1 nicht wiederkehren, so wurden sie in den Editionstext des betreffenden Lieds von W^2 bzw. W^1 aufgenommen, nach rechts ausgeschlossen und durch einen anderen Schriftgrad kenntlich gemacht; sie sind mit ihrer Realzählung versehen und zwischen, vor oder nach denjenigen Strophen der Fassungen von W^2 bzw. W^1 eingeschoben, die ihnen, wie im „Schematischen Vergleich" gezeigt wird, vorausgehen und nachfolgen. Die eingeschobenen Strophen von K wurden dabei in der Zeileneinrückung derjenigen von W^2 stillschweigend angeglichen. Auch zu den Einschüben aus K und X läuft am Außenrand die betreffende Blatt- bzw. Bogenzählung mit. Sie erscheint in runden Klammern (), in kleinerem Schriftgrad und kursiv gesetzt. Die durch sie unterbrochene Seiten- bzw. Bogenzählung von W^1 und W^2 wird danach in kleinerem Schriftgrad und Kursivsatz, aber ohne Klammern fortgesetzt. (2) Alle übrigen Textvarianten von K und X sind im Lesartenapparat verzeichnet.

Die Zahlen im Lesartenapparat beziehen sich allein auf den abgedruckten Text von W^1 bzw. W^2. Welchen Strophen der Fassungen von K und X die betreffenden Lesarten angehören, ist dem „Schematischen Vergleich" zu entnehmen. Nicht registriert wurden Abweichungen vorwiegend typographischer Art wie verschiedene Buchstabenformen, Groß-, Klein-, Zusammen- oder Getrenntschreibung, Konsonantenhäufung und -vereinfachung, Zeichensetzung, unsinnige Druckfehler u. ä. Nur für die Reimwörter – andernfalls nicht – wurden Abweichungen registriert, die über die Schreibung hinaus die Lautung betreffen können oder tatsächlich betroffen haben, etwa u : $\mathring{u}$, nicht jedoch e : $\acute{a}$, e : $\mathring{o}$. Abweichungen in der Silbenzahl wurden in allen Fällen notiert. Auf eine differenzierte Wiedergabe der Schriftgrade der im Lesartenapparat mitgeteilten Liedüberschriften von K wurde verzichtet.

b) Die Melodien

Für die Übertragung der Mensuralnoten der Quellen in moderne Notenschrift waren die heute üblichen Grundsätze bestimmend. Der Vorsatz am Anfang jeder Melodie gibt Auskunft über das Verkürzungsverhältnis, auch über falsche Anfangspausen, die in der Übertragung stillschweigend berichtigt wurden. Bei Mensurwechsel steht das neu eintretende Mensurzeichen der Quelle über dem System, das ihm entsprechende moderne Wertzeichen im System. Bei den aus dem lateinischen Choral stammenden Melodien 1–3 und 11 wurde das *tempus imperfectum diminutum* der Quelle ohne entsprechendes modernes Wertzeichen übertragen, da die Melodien offensichtlich nicht in strenger Mensur stehen. Der Wert der Schlußnote geht in der Übertragung über eine Brevis nicht hinaus. Ligaturen sind durch (eckige) Ligaturenklammern gekennzeichnet; die zahlreich vorkommenden fehlerhaften Ligaturen wurden stillschweigend berichtigt. Alle übrigen Abweichungen von den Quellen sind im Kritischen Bericht vermerkt. Gelegentlich bei ungrader Mensur auftretende Schwärzung wurde nicht notiert.

Zusätze des Herausgebers *im* System sind durch eckige Klammern gekennzeichnet. Zusätze sind auch alle *über* dem System stehenden Zeichen. Einfache Abteilungsstriche, die in den Quellen durch das ganze System gehen, wurden übernommen als senkrechte Striche durch die oberste Linie. Das Ende einer Druckzeile in den Quellen ist durch einen auf der obersten Linie stehenden einfachen oder doppelten senkrechten Strich bezeichnet (doppelt: wenn identische Melodiezeilen zu einer Wiederholung zusammengefaßt wurden). Um die Textunterlegung der Strophen 2 ff. zu erleichtern, wurde zusätzlich überall dort, wo kein anderes Gliederungszeichen in oder über dem System am Ende einer Ganz- oder Halbzeile des Textes steht, zwischen zwei aufeinanderfolgenden Ganz- oder Halbzeilen ein Häkchen über dem System eingefügt.

Den Noten ist jeweils die erste Strophe originalgetreu unterlegt. Ihr Text gibt soweit wie möglich die Schreibung und Zeichensetzung der betreffenden Quelle wieder. Die silbentrennenden Striche sind Zutat des Herausgebers. Abbreviaturen in der Mitte mehrsilbiger Wörter wurden stillschweigend aufgelöst, alle übrigen wurden beibehalten.

V

Theo G. M. van Oorschot zu den lateinischen Texten:

Die lateinischen Glossen und Noten in *W¹* und *W²* setzen sich zum größten Teil aus Hinweisen auf Werke der Kirchenväter zusammen. Von ähn-

lichen Verweisungen im *GTb* konnte bereits festgestellt werden, daß Spee
seine Zitate zumeist nicht unmittelbar den Werken dieser Väter, sondern
zeitgenössischen Kompilationen entnommen hat.[132] – Auch für die *„notae"*
in *W²* ist eine solche Anführungsweise charakteristisch, denn mühelos läßt
sich nachweisen, daß die meisten Zitate aus den *Commentarii in Concor-*
diam et Historiam evangelicam (Coimbra 1599, Mainz 1609) des Sebastian Barradas übernommen worden sind und nicht auf die ursprünglichen Werke zurückgehen. Oft weicht nämlich der Wortlaut der Zitate
erheblich vom eigentlichen Text der zitierten kirchlichen Schriftsteller ab,
während Barradas eine Textgestalt bringt, die sich wörtlich auch in *W²*
findet. Als Beispiele seien die Zitate aus Suárez, Bonaventura, Gregorius
von Nyssa und Vincentius (2. Zitat) auf Bl. B7b erwähnt.[133] Auch fehlen
bei den Kirchenvätern mitunter Wörter (*„Gabar"* bei Hieronymus, A12a;
„duabus leucis" bei Beda, B7a; *„miraculose"* ebenfalls bei Beda, B7b),
deren Einfügung durch Spee sich lediglich von Barradas' Text her erklären läßt. Wenn von Spee abgeschriebene Vätertexte sich mehrmals nur
teilweise an der von ihm angeführten Stelle nachweisen lassen, so rührt
dies daher, daß Spee erklärende Bemerkungen des Barradas versehentlich
als Teil dieser Texte betrachtet hat. So gehören auf Bl. C12a nicht mehr
als vier Wörter tatsächlich der Adventspredigt des hl. Bernhard an, das
übrige Zitat floß aus Barradas' Feder. (Ähnliches etwa in einem anderen
Hinweis auf Bernhard, A12a, und in einer Verweisung auf Augustinus,
A12a.) Und weil er einige Male Zwischenbemerkungen des Barradas
nicht als solche erkannte, hat Spee es sogar fertiggebracht, völlig falsch zu
verweisen und Hieronymus (C1a) und Ambrosius (B12b) Texte anzu-
dichten, die von diesen niemals niedergeschrieben wurden, sondern ganz
von Barradas stammen. Einmal legt Spee Worte des Barradas dem Johannes Damascenus in den Mund (A12b); hierbei unterläuft ihm überdies der Fehler, daß er die bei Barradas befindliche Abkürzung *„Dam."* –
Hinweis auf Petrus Damianus – falsch interpretiert.
Für die Entstehung der mit lateinischen Anmerkungen versehenen Lieder
in *W²* ergibt sich aus dem bisher Gesagten, daß Spee zunächst fleißig aus
Barradas' Werk die in der kirchlichen Tradition überlieferten Daten über
die Geburt Christi zusammengesucht hat und erst dann diese Motive zu
zusammenhängenden Liedern verarbeitete. Die Annahme, die Lieder
seien zuerst entstanden und nachträglich von Spees oder fremder Hand

---

[132] Vgl. VAN OORSCHOT: *Friedrich Spees Güldenes Tugend-Buch* S. 93 u. 98 ff.
[133] Dazu und zum folgenden vergleiche man den Teil „Anmerkungen" (zu den
lateinischen Texten), unten S. 267 ff.

mit Kommentar versehen worden, ist kaum glaubwürdig, weil ihr Zusammenhang mit Barradas' Text zu eng ist. Überdies sind mehrere Lieder des *GTb* nach dem gleichen Verfahren verfaßt worden.[134] Trotzdem konnten nicht alle „*notae*" in *W²* bei Barradas nachgewiesen werden. Spee muß also noch andere Werke herangezogen haben. Und tatsächlich erwähnt er selber Franciscus de Ribera (A6b), Gaspar Sánchez (ebd.), Gregorius Mastrilli (C11b) und Aegidius Albertinus (ebd.). Auch hier handelt es sich also ausschließlich um zeitgenössische Autoren, aus deren Werken Spee mehrmals Hinweise auf ältere Schriftsteller übernahm. Aber selbstverständlich fehlt der *advocatus diaboli* nicht, der beweisen möchte, Spee zitiere unmittelbar aus den Werken der Kirchenväter selbst. Heißt es doch in dem Augustinustext auf Bl. C1a „*beatis paruulis*". Das Wort „*beatis*" ist authentisch, fehlt jedoch bei Barradas, so daß Spee es nicht von ihm haben kann. Ein Beweis, daß er Augustinus selber gelesen habe? Aber sogar wenn das Wort „*beatis*" nicht in früheren Auflagen von Barradas' Werk, die ich nicht gesehen habe[135], vorhanden gewesen ist, bedeutet dieser einzige Ausnahmefall wenig gegenüber der erdrückenden Übermacht der Indizien, die Spees unmittelbare Abhängigkeit von Barradas und anderen zeitgenössischen Autoren als unleugbar erscheinen lassen.

Die mit lateinischen Anmerkungen ausgestatteten Lieder in *W¹* sind mindestens zum Teil nach dem gleichen, oben skizzierten Verfahren entstanden. Zu Lied 5 bemerkt Spee selber: „*Hæc omnia ex Bellarmino.*" Die Glossen zu anderen Liedern zeigen augenfällig, wie diese aus vielen Zitaten zusammengebastelt wurden. Zu dem Lied „*Wider die Lästerzungen*" (Nr 31) ist im Teil „Anmerkungen" dieser Edition die ganze von Spee benutzte Seite aus Cornelius a Lapide abgedruckt, damit der Leser einmal selber verfolgen kann, wie Spee vorgegangen ist. Die Glossen „*G*" bis „*K*" finden sich allerdings bei Cornelius nicht; aber dessen Worte „*vt non mirum sit, leges omnes ciuiles, canonicas, & diuinas tam seueré in blasphemos animaduertere*" dürften Spee, der vor dem Eintritt in den Orden möglicherweise Jura studiert hat[136], dazu angeregt haben, die ein-

---

134 Van Oorschot: *Friedrich Spees Güldenes Tugend-Buch* S. 90 u. 163 Fn. 11.
135 Es wurden die Ausgaben Mainz 1618 und Lyon 1621 benutzt. In beiden fehlt das Wort „*beatis*". – Auch für andere Werke konnte nicht immer die Erstauflage herangezogen werden. Verwendet wurden in diesen Fällen immer Drucke, die entweder in den Jahren 1610–1620 in Mainz erschienen sind oder möglichst nahe an diese Jahre heranreichen.
136 Vgl. Rosenfeld: *Spee* S. 19.

schlägigen Werke des Kirchen- und Zivilrechts nach Äußerungen über die Blasphemie zu durchstöbern.

Die lateinischen Anmerkungen in X [137] wurden aus den bereits oben erwähnten Gründen nicht in diese Edition aufgenommen. Auch sie sind den Glossen und Noten in W^1 und W^2 sehr ähnlich. Die letzte „approbatio" (A12a) setzt sich ganz aus Zitaten aus einem einzigen Werk zusammen, indem sie kurz einige Seiten zusammenfaßt aus Aegidius de Coninck, *Commentariorum ac disputationum in Vniversam doctrinam D. Thomæ De Sacramentis et Censuris tomi duo* [138]. Die erste „approbatio" (A3b), deren Quelle allerdings nicht ermittelt werden konnte, erweckt stark den Eindruck, als ob sie in ihrer Gesamtheit einer Schrift über die Gewissenserforschung entnommen worden sei. Die lateinische Einführung zum *„Recipe Für die faule Gicht"* (A9b) stellt zusammen mit der zweiten *„approbatio"* (A11a) eine etwas ausführlichere Wiederholung der Glossen zu Lied 23 in W^1 dar. Beide Zitatenreihen beziehen sich nämlich auf denselben Liedtext *„Vom Glauben vnd guten Wercken"*; beide enthalten auch den gleichen, falschen Hinweis auf Augustinus' Werk *De Civitate Dei*, wo dessen *De Trinitate* gemeint ist.

So erweisen die lateinischen Anmerkungen noch einmal den engen Zusammenhang zwischen W^1, W^2 und X. Überdies gewähren sie einen Einblick in die Entstehungsweise mancher Speelieder.

---

[137] Vgl. die Inhaltsbeschreibung, oben S. 19/20.
[138] Editio aucta et recognita, Antwerpen 1624, S. 530–32.

EDITION

Bell' Vedére
Oder
Herbipolis
Wurtzgårtlein.
Oder
Wůrtzburger Lustgårtlein.
Darin ein
Lusthauß
im
Lusthauß
ein
Orgel
vnd
allerley
Mottetti vnd *Concerti,*
Das ist/
Allerley Catholische Gesång/
von Pfingsten biß zum Aduent/ 2c.
vnd durch das gantze Jahr
zu singen
Mit Hundert vnd Tausent
Stimmen/ 2c.

Getruckt zu Wůrtzburg/ bey Johan
Volmar/ Jm Jahr 1621.

Vorspruch I

Vorrede

Vorspruch II

Lieder 1–32

Sicut   2
areolæ aromatum.
Cant. 5.

O Würtzburg du ein Lustgart bist /
  Deßgleichē kaum auff Erden ist.
Dein Nam heist Würtzburg recht vnd wol.
  Weil du Gewürtz vnd Blumen vol.
Die Blumen deine Tugendt sein /
  Gepflantzt dir in dein Hertz hinein.
Vnd jetzt durch die sechs Kinderlehr /
  Wird alle Tugendt wachsen mehr.
Ja deines Gärtners Müh vnd Fleiß /
  Dich machen wird zum Paradeiß.

Emissiones
tuæ
Paradisus
malorum punicorum
cum
pomorum fructibus[.]
Cant. 4.

Lusthauß.

6

GVnstiger Leser/ 2c. Fůrsten vnd Herren haben in jren Lustgårtlein allerley *Music*, Orgel= vnnd Seytenspiel. Also ist zu
sehen zu Rom *in monte Cauall'* in einem Lustgarten ein Orgel/
welche vom Wasser getrieben wirdt.

Was haben wir in vnserm *Bell' Vedére?* Sihe: wir haben lebendig Orgelspiel/ darin alle Pfeiffen leben/ *corpora organica vitam
habentia.* Vnd wo andere *Musicanten* zum hǒchsten mit zwǒlff
Stimmen singen/ da singen wir mit zwey oder drey Hundert/ daß
einem/ der es hǒrt/ das Hertz im Leibe lacht.

Wir singen aber viele alte/ doch sonderlich diese alt=newe
Stůcklein/ welche auch die kleine Kinder/ gleich als junge Nach-
tigallen lustig lernen: Wie auch vor 1300. Jahren die Kinder in
den Wiegen das heylig *Alleluia* lerneten/ spricht *S. H[i]eronymus
ad Lætam.* Vnnd das darumb/ damit die Kinder tåglich bey jhrer
Arbeit etwas guts zu gedencken/ zu sagen/ vnd zu singen haben/
vnd Himlische Ding gleich als Zucker vnnd Hǒnig im Mund
kåwen/ hergegen aber das Pestilentzisch Gifft der Weltlichen Lied-
lein/ so jhnen das Hertz abstossen mǒchte/ nit vber ‖ die Zungen
bringen. Also spricht *S. Basil. l. de Spir [.] S. c. 7.* daß vor so viel
hundert Jahren/ die erste vnd frǒmbste Christen das *Gloria Patri,*
&c. auff der Werckstatt gesungen/ 2c. Also spricht auch *S. Chrysost.
Hom. in Psal.* 41. daß auch die Weiber Geistliche Gesång bey jhrem
spinnen/ 2c. gesungen.

7

Also spricht auch *S. H[i]eronym. epist.* 17. *ad Marcellam.* daß
der Bawr auff dem Feldt hinder dem Pflug das Gǒttliche Lob vnd
Alleluia gesungen/ 2c. *Arator stiuam tenens Alleluia decantat:
sudans messor psalmis se auocat: hic pastorum sibilus,* &c.

Diesem nach die Edle/ Ehr= vnd Tugendreiche Würtzburgische
liebe Kinder/ 2c.

Wer lust hat hǒre zu.

VENI AVSTER   8
  perfla
Hortum meum
   &
fluant
   a
   ro
mata.
Cant.
   4.

Kom heyliger Geist/ kom geschwind
Kom *Auster* du Himlischer Wind.
Du feucht vnd warm O *Auster* bist.
Kein Wind im Garten besser ist.

Fons viuus, ignis, Charitas
& Spiritalis vnctio.

KOm hey-li-ger Geist Schöp-ffer mein /

Ba-such das Hertz der Kin-der dein /

Mach al--la Her--tzen Gna-den vol /

Die dei--ne Handt er--schaf-fen wol.

[1.]

KOm heyliger Geist Schöpffer mein /
Besuch das Hertz der Kinder dein /
Mach alle Hertzen Gnaden vol /
Die deine Handt erschaffen wol.

2.

Der du ein Tröster wirst genant /
Ein Gab von Gott herab gesandt /
Ein Brunn der lebt / ein Lieb vnd Fewr /
Ein Salbung Geistreich / werth vnd thewr.

3.   10

O Gab! die siebenfaltig ist /
Zwar du der Finger Gottes bist.
Vom Vatter ein verheißne Gab /
Die wol richt alle Zungen ab.

4.

O Liecht! gib vns Verstandt vnd Witz /
O Fewr! O Lieb! das Hertz erhitz /
O Krafft! gib Krafft dem schwachen Leib /
Gib Krafft die bey vns ewig bleib.

5.

Den Feind von vns treib weit hindan /
Vnd gib den Frieden jederman /
Leyt vns / führ vns / zeig vns den Weg /
Halt vns von bösen Weg vnd Steg.

6.

Gib daß wir kennen allermeist
Gott Vatter: Sohn: dich beyder Geist:
Ein Gott / vnd der Personen drey /
Den Preiß vnd Ehr ohn Ende sey.
Amen.

O Hei - - - lig-sta Drey-fal-tig-keit /
Gib dei - - - ner lie-ben Chri-sten-heit /

Daß sie dich mŏg be-ken-nen frey /

Ein Gott vnd der Per-so-nen drey.

[1.]

O Heiligste Dreyfaltigkeit /
Gib deiner lieben Christenheit /
Daß sie dich mŏg bekennen frey /
Ein Gott vnd der Personen drey.

2.   12

O Gott! O Sonn! dein Glantz vnnd Hitz /
Weit vbertrifft Verstandt vnd Witz /
Drey Ding die an der Sonnen sein /
Vns dich ein wenig bilden ein.

3.

Gott Vatter du die Sonne bist.
Dein Sohn / Glantz vō der Sonnen ist.
Gleich wie die Hitz der heylig Geist /
Den man der Welt ein Trŏster heist.

4.

Ohn Glantz nie war die Sonne klar /
Ohn Sohn / nie Gott der Vatter war /
Die Sonn war nie ohn Hitz vnd Glantz /
Ohn Anfang war die Dreyheit gantz.

5.

Die Hitz von allen beyden geht /
Von Soñ vnd Glantz zugleich entsteht.
Der heylig Geist die dritt Person
Kompt auch vom Vatter vnnd dem Sohn.

6. 13

O Mensch hie deck die Augen zu /
Allein das Hertz vnd Mund auffthu /
Die Augen deck wie *Seraphim*
Vnd *Sanctus* sing mit heller Stiṁ.

7.

O Sonn! Wir haben schwach Gesicht /
Wir kőnnen dich anschawen nicht.
Was wir auff Erden nicht verstehn /
Gib daß wir das im Himmel sehn.
Amen.

Tertullianus aduersus Praxeam c. 8. Quemadmodum sol splendorem ex se
effundit, & ardorem siue calorem profert; ita Deus pater splendidissimum, velut
splendorem filium gignit; pater verò & filius ardorem & amorem infinitum
producunt Spiritum sanctum.

MEin Zung er-kling vnd frö-lich sing /

Von Chri - sti Leich-nam zart /

Auch von dem Blut / daß vns zu gut

Am Creutz ver – gos – sen ward /

Das ge - nom-men / vnd her-kom-men

Von Jung - fräw - li - - - - - - -cher Art.

[1.]

MEin Zung erkling
Vnd frölich sing /
   Von Christi Leichnam zart /
Auch von dem Blut /
Daß vns zu gut
   Am Creutz vergossen ward /
Das genommen /
Vnd herkommen
   Von Jungfråwlicher Art.

2.

Ein Jungfraw schon /
Vns Gottes Sohn /
   Zu Bethlehem gebar /
Der vnbeschwert /
Die Welt gelehrt /
   Lebt drey vnd dreyssig Jahr.
Bald gefangen /
Zum Todt gangen /
   Wie propheceyet war.

3.

Vor seinem Todt /
Vnd letsten noth /
   Jn diesem Jammerthal /
Zu Tisch er saß /
Das Låmblein aß /
   Jn einem grossen Sal /
Da er eben /
Sich selbst geben /
   Zur Speiß im Abendmal.

4.

Das Worte sein
Auß Brod vnd Wein /
Macht Fleisch vnd Blut behend /
Er da handlet /
Kråfftig wandlet /
Brodt ward in Fleisch verwend /
Gleiche Kraffte /
Auß Wein schaffte
Das Blut im Sacrament.

5.

O Christ ha acht /
Vnd wol betracht /
Was Christus hie gethan /
Durch Christi Wort /
An allem Ort /
Dasselb der Priester kan /
Wie befohlen /
Zu erholen /
Die Schrifft zeigt klårlich an.

6.

Lob / Preiß vnd Ehr /
Je mehr vnd mehr /
Sey Christo weit vnd breit.
Jhn preiß vnd preiß
Vmb diese Speiß /
O liebe Christenheit.
Diese Gaben /
Die wir haben /
Wol brauch zur Seligkeit.
Amen.

O Christ hie merck / den Glau-ben sterck /

Vnd schaw diß Werck.   Diß brod all gut /

Gott / Fleisch / vñ blut / Be-greif-fen. thut.

A – ue Ie – su,   wah – re man-hu,

Chri-ste Ie – su,   Dich Ie-sum süß /

ich hertz – lich grüß / O Ie – su süß.

[1.]
O Christ hier merck /
Den Glauben sterck /
Vnd schaw diß Werck.
Diß brod all gut /
Gott / Fleisch / vñ blut /
Begreiffen thut.

Aue Iesu,   19
Wahre *manhu,*
Christe Iesu,
 Dich Jesum süß /
 Jch hertzlich grüß /
 O Jesu süß.

     2.   20
Jn der Monstrantz
Jst Christus gantz /
Kein Brod Substantz.
 Vom Brod allein
 Gestalt vnd Schein
 Vor Augen sein.
Aue Iesu,
Wahre *manhu,*
Christe Iesu,
 Dich Jesum süß /
 Jch hertzlich grüß /
 O Jesu süß.

     3.   21
Kein Brod ist da
Noch bey noch na
In hostia.
 Was darin ist /
 Herr Jesu Christ /
 Du selber bist.
Aue Iesu,
Wahre *manhu,*
Christe Iesu,
 Dich Jesum süß /
 Jch hertzlich grüß /
 O Jesu süß.

4.

Nun bieg die Knie /
Gott selbst ist hie /
Weistu nicht wie?
    Wie das geschicht
    Der Glaub wol sicht /
    Die Augen nicht.
Aue Iesu,
Wahre *manhu,*
Christe Iesu,
    Dich Jesum sůß /
    Jch hertzlich grůß /
    O Jesu sůß.

LAst vns Sanct. Pe - ter ruf-fen an /

Die Him-mel er auff-schlies-sen kan /

Die Schlüs-sel jhm sein an - uer-trawt /

Auff jhn auch ist die Kirch ge - bawt.

[1.]
LAst vns Sanct. Peter ruffen an /
Die Himmel er auffschliessen kan /
Die Schlüssel jhm sein anuertrawt /
Auff jhn auch ist die Kirch gebawt.

2.   23
Der Welt ein allgemeiner Hirt /
Sehr wol genennt Sanct. Peter wirdt /
Dem Schaf vnd Lämmer in gemein
Von Christo anbefohlen sein.

3.
Der Kirchen Grund vnd Fundament
Wird auch Sanct[.] Peter recht genent /
Den selbst genent der Göttlich Mund
Der Kirchen Fundament vnd Grund.

4.

O Edler Stein Herr Jesu Christ /
Der erste Stein du warlich bist.
Nach dir Sanct. Peter eingelegt /
Jn dir / durch dich / bleibt vnbewegt.

5.

Zwölff edle Stein die Schrifft erzehlt.
Zum Fundament von Gott erwehlt.
Doch vnderschiedlich allzumal /
Ein jeglicher nach seiner Wahl.

6.

Das Regiment Sanct. Peter hat /
Vnd ist gesetzt an Christi stat
Zu solchen Würden / Ampt vnd Ehr
Kam keiner auß den Zwölffen mehr.

7.

O Christe Jesu Gottes Sohn /
Den Baw schaw an von deinem Thron /
Auff diesem Grund die Kirch erhalt /
Wann jhr die Feind anthun gewalt.

8.

Vnd du Göttlicher KammerHerr /
Die Thür am Himmel vns auffsperr /
Vnd schlag mit deinem Hirtenstab /
Die Wölff von deinem Schafstall ab.

Hæc
omnia
ex
Bellarm. l. 1. de Rom. Pontif. à c. 10. & 11. de alijs 27. priuilegijs. S. Petri
vide à c. 17. ad 25.

[1.]
MAria gieng hinauß /
Zu Zachariæ Hauß /
Sie gieng in aller Eyl /
Berg auff vnd ab viel Meyl /
Zu Hebron in die Statt /
Da sie jhr Bäßle hatt.

2.

Sie gieng alleine nit /
Es gieng Sanct. Joseph mit /
Sie trug auch Gottes Sohn
Jn jhres Hertzen Thron /
Darzu ein Englisch Schar /
Vnsichtbar bey jhr war.

3.

Als sie zum Hauß außgieng /
Sie das Gebett anfieng /
Zu Gott all Vhr vnd Stund /
Hub sie jhr Hertz vnd Mund /
Von Gott sie viel betracht /
Also die Reyß vollbracht.

4.

Da nun die Jungfraw thet
Ersehn Elisabeth /
Sie sich demütig neigt /
Der Alten Ehr erzeigt /
Vnd grůst das Båßle sehr /
Mit Reuerentz vnd Ehr.

5.

Elizabeth behendt
Die Mutter Gottes kent /
Empfieng die Jungfraw zart /
Zugleich gesegnet ward /
Jhr Kind ward Gnaden vol /
Jm Hauß ward allen wol.

6.

O Hauß! O Himmelreich!
Dem waren Himmel gleich /
Du Hauß der Himmel bist /
Darinn Gott selber ist /
Vnd alle Heyligkeit /
Was heylig weit vnd breit.

7.

Maria bliebe da
Drey gantzer Monat nah /
Sie bett ohn vnderlaß /
Auch nimmer müssig saß /
Ließ sich abhalten nicht /
Jm Hauß all Ding verricht.

8.

O Mensch hie fleissig merck
Vier grosse Wunderwerck.
I.
Gott Mensch die Jungfraw bringt.
II.
Jm Leib Joannes springt.
III.
Elizabeth sagt weiß.
IV.
Gott singt Maria Preiß.

9.

Ach kom O Jungfraw rein
Auch in mein Hertz hinein.
Bring mit das höchste Gut /
Gott Sohn in Fleisch vnd Blut /
Vns segne Seel vnd Leib /
Vnd bey vns ewig bleib.
Amen.

SAnct. Ki - li - an   ein ed - ler Schott /

Der Fran-cken A - po-sto-lisch Bott /

Auß Rom vom Bapst in   Fran-cken-land.

Der er-ste   Bi - schoff ward ge-sandt.

Der ist O Würtz-burg Ed - le Statt /

Der dir ge-bracht den Glau-ben hatt /

Die Soñ hat dir das Liecht ge-bracht /

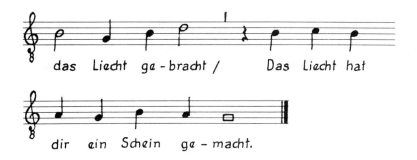

das Liecht ge-bracht / Das Liecht hat

dir ein Schein ge-macht.

[1.]

SAnct. Kilian ein edler Schott /
Der Francken Apostolisch Bott /
Auß Rom vom Bapst in Franckenland.
Der erste Bischoff ward gesandt.
Der ist O Wům̊rtzburg Edle Statt /   30
Der dir gebracht den Glauben hatt /
Die Soñ hat dir das Licht gebracht /
     das Liecht gebracht /
Das Liecht hat dir ein Schein gemacht.

2.   31
Daß du jetzt bist ein Paradeiß /
Sanct. *Kilian* sag danck vnd Preiß /
Er hat gemacht gantz Francken frey
Vom Vnkraut der Abgŏtterey.
Er hat gesået von Ort zu Ort
Den guten Samen Gottes Wort /
Darauß alßbald gewachsen ist
     gewachsen ist
Gosbert der Fům̊rst ein newer Christ.

3.

Daß nun der Lustgart wůchse sehr /
Vnd daß der Blumen wůrden mehr.
Goß er darauff ein Regen gut /
Sein thewres vnd heyliges Blut.
Vnd daß der Lustgart sicher blieb /
Blieb er darinn auß lauter Lieb.
Zu Wůrtzburg ligt sein Leib im Grab /
  sein Leib im Grab /
Vnd helt die Feind vom Garten ab.

4.

Sein Seel auch vber Sonn vnd Mon
Glantzt in dem Himmel Wunder schon /
Ein Sonnenschein vom Himmel send /
Vnd diesen Schein zum Garten wend.
Ein solche *influentz* vnd Krafft /
Sehr grossen Nutz im Garten schafft /
Der Gart dardurch wird Blumen vol /
  wird Blumen vol.
Vnd alle Frůcht gerathen wol.

5.

O Wůrtzgart! wegen deiner Frucht
Sanct. *Kilian* dich viel besucht:
Ein Kråntzle du jhm geben hast
Daß er noch trågt in Gold gefast.
Das hastu *Geila* zugericht /
Weil er dein Sůnd wolt leiden nicht /
O Marter Kron! O thewrer Krantz!
  O thewrer Krantz!
O Kron! O Krantz! O Zier! O Glantz.

6.

Wolan kom her du edler Franck /
Sanct. *Kilian* sag lob vnd danck.
Vnd du Apostolischer Mann /   33
Bischoff / Marter / Sanct. *Kilian*:
Laß dir die edle Francken dein /
Von Hertzen angelegen sein /
Den Garten fort beschützen thu /
beschützen thu:
Vnd laß kein wildes Thier hinzu.

KILIANVS.

Nobilis hibernus, &c. in Orientalem Franciam venit, &c. ibi in oppido Würtz-
burg *moratur, pro gentis salute, & Christi gloria paratus mori.* Cum Romam
ijsset, inde à Pontifice creatus Episcopus Herbipolim remissus, Gosbertum Fran-
coniæ Ducem conuertit ad Christum; quem à Geila fratris sui quondam vxore
cum abstraheret, Geila re cognita, Duce absente, sanctum iussit mactari. Burgunda corpus sepelit piè. Geilam dæmon arripit, rapitq́; in tartara, &c. Vide
Lippeloo. 8. Iulij, ex Surio, & Baronio.*

SAnct [.] ANN die Ed - le Fraw /

Sehr hoch ge - boh - - ren /

Wol auß - er - koh - - ren /

Hie als ein Spie - gel schaw.

Jst al - - ler Fraw - en /

Ein Spie - gel von Cri - stall /

Dar - inn die Fraw - en all /

Sich kỏn - nen schaw - en.

[1.]
SAnct[.] ANN die Edle Fraw /
Sehr hoch gebohren /
Wol außerkohren /
Hie als ein Spiegel schaw.
Jst aller Frawen /   35
Ein Spiegel von Cristall /
Darinn die Frawen all /
Sich kỏnnen schawen.

2.   36
Sie fỏrcht vnd liebte Gott /
War wol erfahren
Von jungen Jahren /
Jn Gỏttlichem Gebott /
Wol kỏnt sie betten /
Folgt jhrer Eltern Rath /
Den sie mit keiner That /
Nie vbertretten.

3.
Jm Ehstand war zu sehn /
Wie sie erzogen /
War zu gewogen /
Wo sie jhr Hertz hat stehn /
Sehr früh am Morgen
Richt sie jhr betten auß /
Darnach das gantze Hauß
Thảt sie versorgen.

4.

Kein Gut der gantzen Welt /
Mit allen Schåtzen /
Mocht sie ergåtzen.
Sie hatt kein ligend Gelt /
Ließ sich erbarmen /
Was jhr vermögen war /
Jhr Gut theilt sie all Jahr
Kirchen vnd Armen.

5.

Jhr Nam thut sagen wol /
Wer sie gewesen /
Wie außerlesen /
Wie Gnad vnd Tugendt voll /
ANNA gnade heist
Die jhr mit voller Handt
Vom Himmel hat gesandt /
Gott der heylig Geist.

6.

Was ist gleich diesem Weib?
Das hoch zu loben /
Den Himmel oben
Getragen hat im Leib /
O Maria schon /
Sanct. ANN dein Mutter ist /
Vnd du der Himmel bist /
O du GottesThron.

7.

Ey Mutter / Mutter gut /
Wir Kinder lauffen
Zu dir mit hauffen /
Halt vns in guter Hut.
Jesus Maria /
Sanct. ANNE Schoß ist groß /
Setzt vns zu euch in Schoß /
Jesus Maria.

[1.]
MAria Mutter Jesu Christ /
Alleluia. Alleluia.
Zum Himmel auffgefahren ist /
Alleluia. Alleluia. Alleluia.
Alleluia. Alleluia.
Alleluia. Alleluia. Alleluia.

2.

40

Gott sandt viel Engel hoch herab /
Alleluia. Alleluia.
Den Schatz zu nemmen auß dem Grab /
Alleluia. Alleluia. Alleluia.
Alleluia. Alleluia.
Alleluia. Alleluia. Alleluia.

3.
Viel tausendt Engel waren da /
Alleluia. Alleluia.
Die fuhren auff mit Maria.
Alleluia. Alleluia. Alleluia.
Alleluia. Alleluia.
Alleluia. Alleluia. Alleluia.

4.
Was Frewd war hie? was Lust dabey?
Alleluia. Alleluia.
O Lust! O Frewd! O Harmoney!
Alleluia. Alleluia. Alleluia.
Alleluia. Alleluia.
Alleluia. Alleluia. Alleluia.

5.
Die Jungfraw war roth wie ein Roß /
Alleluia. Alleluia.
Jhr Glantz jhr Schönheit wunder groß.
Alleluia. Alleluia. Alleluia.
Alleluia. Alleluia.
Alleluia. Alleluia. Alleluia.

6.

Jhr Seel durch sie glantzt vberall /
Alleluia. Alleluia.
Als wann die Soñ glantzt durch Cristall.
Alleluia. Alleluia. Alleluia.
Alleluia. Alleluia.
Alleluia. Alleluia. Alleluia.

7.

Wie Berl in Golt jhr Hertz im Leib /
Alleluia. Alleluia.
Nichts gleich erschaffen diesem Weib.
Alleluia. Alleluia. Alleluia.
Alleluia. Alleluia.
Alleluia. Alleluia. Alleluia.

8.

Jr Schu der Mon / zwölff stern jr Kron /
Alleluia. Alleluia.
Jhr Kleid die Sonn / gedenck wie schon.
Alleluia. Alleluia. Alleluia.
Alleluia. Alleluia.
Alleluia. Alleluia. Alleluia.

9.

41

Jm Himmel sie sehr willkomm kam /
Alleluia. Alleluia.
Sie Christus auff mit frewden nam.
Alleluia. Alleluia. Alleluia.
Alleluia. Alleluia.
Alleluia. Alleluia. Alleluia.

10.

Sehr hoch bey Gott ward sie gesetzt /
Alleluia. Alleluia.
Da jhr all Gut das Hertz ergetzt.
Alleluia. Alleluia. Alleluia.
Alleluia. Alleluia.
Alleluia. Alleluia. Alleluia.

11.
Gott gab jhr alles in die Handt /
Alleluia. Alleluia.
Den Sohn in Schoß das tewre pfandt /
Alleluia. Alleluia. Alleluia.
Alleluia. Alleluia.
Alleluia. Alleluia. Alleluia.

12.
Jm Himmel ist sie Kŏnigin /
Alleluia. Alleluia.
Vnd aller Welt ein Trŏsterin.
Alleluia. Alleluia. Alleluia.
Alleluia. Alleluia.
Alleluia. Alleluia. Alleluia.

NB.
Vbi multitudo puerorum in duos distributa choros: primus chorus incipit,
Maria Mutter/ 2c. *Alleluia. Secundus chor. repetit Alleluia. Primus pergit,* Zum
Himmel/ 2c. *Secundus chor. subiungit primum Allel. Primus secundum, secundus*
tertium. Primus duplex Allel. Secundus chor. repetit eadem. totus ˏdenique
chorus simul tria vltima Alleluia.

Corona Stellarum duodecim.

O Kö - ni - gin ! wie hoch dein Thron /

Wie schön / wie schön / ist dei - ne Kron /

Zwölf Stern / wie zwölf Kar- fun- ckel - stein

Kar- fun- ckel - stein / Auff dei-nem

Haupt zu schaw - en sein.

[1.]
O Königin! wie hoch dein Thron /
Wie schön / wie schön / ist deine Kron /
Zwölf Stern / wie zwölf Karfunckelstein
    Karfunckelstein /
Auff deinem Haupt zu schawen sein.

[2.]
Stella 1. Visio Dei.

Der erste Stern ist / Gott ansehn /
Die Gottheit sehn vnd wol verstehn.
Vnd sehn wie in ein Paradeiß /
ein Paradeiß /
Vnd ewig sehn mit Lust vnd Fleiß.

[3.]
2. Amor ex visione ortus.

Der zweyte Stern gleich einem Fewr /
Jst ein Karfunckel werth vnd thewr.
O Lieb! O Lieb! O Fewr! O Stern!
O Fewr! O Stern!
Wie liebt Maria Gott den Herrn.

[4.]
3. Gaudium inde eximium.

Der dritte Stern groß Frewde ist /
Maria du voll Frewden bist /
Gott schawen an / vnd lieben sehr /
vnd lieben sehr /
Macht Frewd; kein Frewd zu wůnschen mehr.

[5.]
Quarta stella.
Cognitio creaturarum in verbo.

Der vierdte Stern ist / schawen da
Was auff der Welt ist ferrn vnd nah.
Ein Spiegel ist Gott wie Christall /
Gott wie Cristall.
Da alles in scheint vberall.

[6.]
5. Corporis splendor, seu claritas.

Der fůnffte Stern / ein grosser Glantz
Durch jhren Leib / durch gantz vnd gantz.
Die Klarheit wie die Sonn so klar /
die Sonn so klar /
Ja auch die Sonn so klar nie war.

6. *Impassibilitas.*
7. *Agilitas.*
Der sechste Stern Vnleydenheit.
Der siebende Geschwindigkeit.
Den Engeln gleich vnd gleich dem wind /
    vnd gleich dem wind /
Vnsterblich jhr Leib vnd geschwind.

[8.]
Octaua stella, Subtilitas.   45
Der achte Stern / das vierdt Kleinot /
Das jhrem Leib hat geben Gott /
Jst solch subtil Subtilitet /
    Subtilitet /
Daß sie durch Stahl vnd Eysen geht.

[9.]
9. *Exaltat: super angelos.*
10. *Dignitas Regin. cæl.*
Der neundte Stern hoch oben blitzt /
Da sie bey Gott nach Christo sitzt.
Der zehnd / jhr Macht / vnd hoher standt
    vnd hoher standt /
Jm Himmel Königin genant.

[10.]
11. *Maternitas Dei.*
12. *Virgin. aureola.*
Der eylfft bedeut / der zwölfft dabey /
Daß sie Jungfraw vnd Mutter sey /
O Mutter auff vns Kinder schaw /
    vns Kinder schaw /
O Gottes Mutter! O Jungfraw.

Sic
clauditur.

[1.]
DJch Edle Königin wir ehren /
Fraw von Himel / dein Lob wir mehren.

2.
Dich loben vnd ehren mit rechte /
Aller Creaturen Geschlechte.

3.

Gott Vatter dich hat außerkoren /
Gott Sohn von dir Mensch ist geboren.

4.

Der heylig Geist dich hat erhaben /
Vnd schôn geziert mit grossen Gaben.

5.

Dein Thron ist hoch nechst Gottes Throne /
Die Soñ dein Kleid / zwôlff Stern dein Krone.

6.

Der Mon ist vnter deinen Fûssen /
Die Stern dir alle dienen mûssen.

7.

Vmb deinen Thron die Engel schweben /
Sehr diensthafft alle dich vmbgeben.

8.

Die Seraphin sich vor dir neigen.
Dir Cherubin all Ehr erzeigen.

9.

Die Heyligen dich loben alle /
Dich preysen sie mit grossem Schalle.

10.

Du bist ein Zier der gantzen Erden /
Durch dich geziert die Himmel werden.

11.

Du bist ein Mutter außerlesen /
Dir gleich kein Mutter nie gewesen.

12.

O Mutter! O Trost aller armen /
Wollest dich vber vns erbarmen.

13.

Hilff vns hie Gnad von Gott erlangen /
Daß wir hernach die Kron empfangen.

14.

Hilff daß wir dich sehn *in Gloria*,
O gnådigste Jungfraw Maria.

Lobspruch
Zu der Himlischen Königin/ 2 c.

Die Kö - ni - gin von ed - ler Art /

Die Fraw im Him-mel o - ben / Ma - ri - a zart /

Die Jun[g] - fraw rein wir lo - - - ben.

Sie Kö - ni - gin im Him - mel ist /

Die Mut - ter deß Sohns Je - su Christ /

Jn Schmer-tzen / Trost der Her - - - tzen.

[1.]

DJe Kônigin von edler Art /
Die Fraw im Himmel oben /
Maria zart /
Die Jun[g]fraw rein wir loben.
Sie Kônigin im Himmel ist /   53
Die Mutter deß Sohns Jesu Christ /
Jn Schmertzen /
Trost der Hertzen.

2.   54
Sie sitzt auff einem hohen Thron /
Mit Sonnenschein vmbgeben /
Zwôlff Stern jhr Kron /
Jhr Kleid von Gold geweben.
Sie Kônigin im Himmel ist /
Die Mutter deß Sohns Jesu Christ /
Jn Schmertzen /
Trost der Hertzen.

3.
Sie ist der schône Morgenstern /
Dauon die Sonn geboren:
Sie glantzt sehr fern /
Vom Glantz wird nichts verloren.
Sie Kônigin im Himmel ist /
Die Mutter deß Sohns Jesu Christ /
Jn Schmertzen /
Trost der Hertzen.

4.
Sie ist der Thron von Elffenbein /
Der *Salomonis* Throne /
Von Silber rein /
Von klarem Gold sehr schone.
Sie Kônigin im Himmel ist /
Die Mutter deß Sohns Jesu Christ /
Jn Schmertzen /
Trost der Hertzen.

5.

Sie ist die Arch Von rothem Gold /
   Darin Gott Sohn geschlossen /
Selbst wohnen wolt
   Neun Monat vnuerdrossen.
Sie Königin im Himmel ist /
Die Mutter deß Sohns Jesu Christ /
   Jn Schmertzen /
   Trost der Hertzen.

6.

Sie ist das wahre Paradeiß /
   Von Gott gepflantzt auff Erden
Mit grossem Fleiß /
   Darin Gott Mensch sol werden.
Sie Königin im Himmel ist /
Die Mutter deß Sohns Jesu Christ /
   Jn Schmertzen /
   Trost der Hertzen.

7.

Sie ist der Göttlich schöne Sal /
   Da Gottes Sohn / hie vnden
Jm Jammerthal /
   Sein Wohnung in gefunden.
Sie Königin im Himmel ist /
Die Mutter deß Sohns Jesu Christ /
   Jn Schmertzen /
   Trost der Hertzen.

8.

Wolauff O liebe Christenheit /
   Die Königin last preisen
Jn Ewigkeit /
   Gnad wird sie vns beweisen.
Sie Königin im Himmel ist /
Die Mutter deß Sohns Jesu Christ /
   Jn Schmertzen /
   Trost der Hertzen.

13

Ein Ruff
Zu der Himlischen Königin.

O Kö-ni-gin! gnå-dig-sta Fraw /

O Kö - - ni - gin! Zu vns her- ab

vom Him -mel schaw / O Kö - ni-gin !

Ma-ri - a Ma-ri - a O Kö-ni - gin.

[1.]
O Königin! gnådigste Fraw /
O Königin!
Zu vns herab vom Himmel schaw /
O Königin!
Maria Maria O Königin.

2.

O Mutter der Barmherzigkeit!
O Königin!
Bitt für die gantze Christenheit.
O Königin!
Maria Maria O Königin.

3.
Bitt daß vns Gott barmhertzig sey /
O Kőnigin!
Bitt daß vns Gott mach sűnden frey.
O Kőnigin!
Maria Maria O Kőnigin.

4.
Bitt daß Gott vns geb Krafft vnd gnad
O Kőnigin!
Daß vns an Seel vnd Leib nichts schad.
O Kőnigin!
Maria Maria O Kőnigin.

5.
Bitt daß Gott vns den Frieden geb /
O Kőnigin!
Bitt daß Gott Mord vnd Krieg auffheb.
O Kőnigin!
Maria Maria O Kőnigin.

6.
Bitt fűr das Feld vnd Ackerland /
O Kőnigin!
Behűt vns auch fűr Fewr vnd Brand.
O Kőnigin!
Maria Maria O Kőnigin.

7.
Halt ab den gåhen bősen Todt /
O Kőnigin!
Vnd bitt fűr vns in aller Noth.
O Kőnigin!
Maria Maria O Kőnigin.

8.
Ach steh vns bey am letsten End /
O Kőnigin!
O Mutter dich nicht von vns wend.
O Kőnigin!
Maria Maria O Kőnigin.

Von Mariæ Geburt.
Erstlich
Von jhrem Geschlecht.

MA - ri - a ist ge - bo - ren

Auß Kö - - nig - li - chem Blut /

Jhr Staͫ ist auß - er - ko - - - ren /

Auß Pa - - tri - - ar - chen gut.

[1.]

MAria ist geboren
   Auß Kőniglichem Blut /
Jhr Staͫ ist außerkoren /
   Auß Patriarchen gut.

2.   64

Von Abraham ist kommen
   Die Edle Jungfraw zart /
Von Dauid ist genommen
   Jhr Blut / hoch Edler Art.

3.

Wer jhr Geschlecht wil kennen /
Bey Sanct. Matthæo such /
Das gantz Geschlecht thut nennen
Sein EuangeliBuch.

4.

Viel Patriarchen waren /
Vierzehn Geschlecht darauß:
Vierzehn Fürstliche Scharen /
Vierzehn auß Dauids Hauß.

5.

Auß so viel Blumen schone /
Maria ist die Roß:
Auß so viel Stern vnd Mone /
Jst sie die Sonne groß.

6.

Maria ist auß allen
Das best Edelgestein:
Das Gold auß den Metallen /
Jst diese Jungfraw rein.

7.

Sie Königin wird werden
Vber die gantze Welt /
Jm Himmel vnd auff Erden /
Jhr Reich ist schon bestelt.

8.

O Königin! dich grüssen
Wir Eue Kinder arm /
Dir fallen wir zu Füssen /
Dich vber vns erbarm.

Primus Chorus. O Roß! schö-ne Roß! Jn Sanct. AN - - - NE Schoß/

[II:] Was ein Wun-der Schoß? Was ein sel-tzam Roß /

Was ein Wun-der Schoß / Was ein sel-tzam Roß.

[I:] Kein Früh-ling/ kein Mey/ Wie frö-lich er sey /

Hat bracht sol-che Roß / Als Sanct. AN-NE Schoß /

Vor dem Pa - ra - deiß / Hat jhr Schoß den Preiß.

[II:] O Frö-li-cher Tag / Da Sanct. Ann ge-lag /

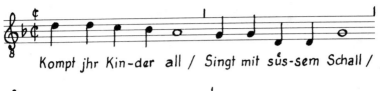

Kompt jhr Kin-der all / Singt mit sůs-sem Schall /

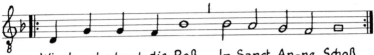

Wiegt vnd schawt die Roß   Jn Sanct. An-ne Schoß.

[1.]
Virginis ortus admirabilis.
O Roß! schône Roß!
Jn Sanct. ANNE Schoß /
Was ein Wunder Schoß?
Was ein seltzam Roß /
   Was ein Wunder Schoß /
   Was ein seltzam Roß.
      Kein Frühling / kein Mey /   67
      Wie frôlich er sey /
      Hat bracht solche Roß /
      Als Sanct. ANNE Schoß /
      Vor dem Paradeiß /
      Hat jhr Schoß den Preiß.
O Frôlicher Tag /   68
Da Sanct. Ann gelag /
Kompt jhr Kinder all /
Singt mit sůssem Schall /
Wiegt vnd schawt die Roß
Jn Sanct. Anne Schoß.

[2.]
Ex sterili matre.   69
O Roß! schône Roß!
Jn Sanct. ANNE Schoß.
Was ein Rosengart?
Bringt die Wurtzel zart?
   Was ein Rosengart?
   Bringt die Wurtzel zart?

Die Wurtzel gantz todt /
Bringt solch Rößle roth /
Von so altem Weib /
Vnfruchtbarem Leib /
Ein Tochter so fein?
Solch zart Jůnferlein?
Die Wurtzel nam Safft /
Von Gȯttlicher Krafft /
Auß Himlischem Thaw /
Wuchs die zart Jungfraw.
Bitt fůr vns O Roß!
Jn Sanct. Anne Schoß.

[3.]
Corporis pulchritudo. 70
O Roß! schȯne Roß!
Jn Sanct[.] ANNE Schoß /
Wie schȯn dein Gestalt?
Dein Farb wie vielfalt?
Wie schȯn dein Gestalt?
Dein Farb wie vielfalt?
Roß O Edle Blum!
Blum groß ist dein Rhum /
Lieblich vnd seltzam /
Sůß vber Balzam.
Dich vber die maß /
Mir gefallen laß.
O Jungfraw wie schon?
Schon wie Sonn vnd Mon:
O Himlische Roß!
Dein Schȯnheit ist groß.
Bitt fůr vns O Roß /
Jn Sanct. ANNE Schoß.

[4.]
Animæ pulchritudo. 71
O Roß! schȯne Roß!
Jn Sanct. ANNE Schoß.
Wie bistu so rein?
Ohn Dȯrn Rößle fein?

Wie bistu so rein?
Ohn Dŏrn Rŏßle fein?
Wunder / wunder Ding!
Wunder nit gering!
Vom Dorn Wåchst die Roß /
Wird bey Dŏrnen groß /
Doch das RosenBlat /
Kein Dorn an sich hat.
Dein Wurtzel kompt recht
Auß Adams geschlecht /
Doch von Erbsůnd rein /
Bistu Jůnferlein.
Bitt fůr vns O Roß!
Jn Sanct. Anne Schoß.

[5.]

Virginis patrocinium.   72

O Roß! schŏne Roß!
Jn Sanct[.] ANNE Schoß /
Was hastu fůr Krafft?
Wie kråfftig dein Safft?
Was hastu für Krafft?
Wie kråfftig dein Safft?
Die RosenArtzney
Jst tausenterley /
Frisch macht Hertz vnd Muth /
Jst fůr viel Weh gut;
Dauon wůrde wol
Ein Apoteck vol.
Du Himlische Roß /
Dein Krafft ist auch groß /
Wie die Kranckheit sey /
Der Sůnder Artzney.
Bitt fůr vns O Roß /
Jn Sanct. ANNE Schoß.

Vom
Namen Marie.

MARIA Syriace Dominam,
Hebraice Stellam maris
significat.

MA – ri – a   wir ver-eh – ren

Dich /   vnd   den   Na – men   dein /

Den   wől – len   wir   ver – meh – ren /

Was   vns   wird   mŭg – lich   sein.

[1.]
MAria wir verehren
Dich / vnd den Namen dein /
Den wőllen wir vermehren /
Was vns wird mŭglich sein.

2.

Auff Syrisch wir dich nennen /
Maria / Herscherin.
Weil alle dich erkennen /
Der Welt ein Königin.

3.

Hebráisch wird verstanden
  Maria / Meer vnd Stern /
O Stern! der allen Landen
  Das Liecht gibt nah vnd fern.

4.

Die Stern am Himmel oben /
  Die wir da glantzen sehn /
Vns deinen Namen loben /
  Daß wir sein Krafft verstehn.

5.

Kein Stern hat nie verloren
  Jm scheinen / seinen Glantz.
Du Christum hast geboren /
  Dein Jungfrawschafft bleibt gantz.

6.   75

Dein Nam auch thut bedeuten /
  Recht wol das tieffe Meer.
All Gnad zu allen Leuten
  Durch dich thut fliessen heer.

7.

Jns Meer all Flüß sich giessen /
  Zum Meer all Wasser laufft:
Zu dir all Gnaden fliessen /
  Jn dir all Gnad sich haufft.

8.

O Stern! Leucht vns auff Erden /
  O Meer! vns Gnad ertheil.
Helff daß wir selig werden /
  Helff vns O Fraw zum Heil.

O Vn-ü-ber-wind-li-cher Held /

Sanct. Mi - - cha - el,   Kom vns zu hülff /

zih mit zu Feld / Helff vns hie kemp-ffen /

Die Fein-de demp-ffen / Sanct. Mi - cha - el.

[1.]

O Vnüberwindlicher Held /
Sanct. *Michael,*
Kom vns zu hülff / zih mit zu Feld /
Helff vns hie kempffen /
Die Feinde dempffen /
Sanct. *Michael.*

2.   81

Die Kirch dir anbefohlen ist /
Sanct. *Michael,*
Du vnser Schutz= vnd Schirmherr bist.
Helff vns hie kempffen /
Die Feinde dempffen /
Sanct. *Michael.*

3.

Du bist der Himlisch Capitein /
Sanct. *Michael,*
Dein Kriegsheer alle Engel sein.
Helff vns hie kempffen /
Die Feinde dempffen /
Sanct. *Michael.*

4.

Groß ist dein Macht / groß ist dein Heer /
Sanct. *Michael,*
Groß auff dem Land / groß auff dē Meer.
Helff vns hie kempffen /
Die Feinde dempffen /
Sanct. *Michael.*

5.

Von deiner Macht zu sagen weiß /
Sanct. *Michael,*
Der Hȯllisch Drach vñ sein Geschmeiß.
Helff vns hie kempffen /
Die Feinde dempffen /
Sanct. *Michael.*

6.   82

Den Drachen du ergriffen hast /
Sanct. *Michael,*
Vnd vnter deine Fůß gefast.
Helff vns hie kempffen ,
Die Feinde dempffen /
Sanct. *Michael.*

7.

Mit Lucifer hastu gekempfft /
Sanct. *Michael,*
Du hast sein Heer vnd Macht gedempfft.
Helff vns hie kempffen /
Die Feinde dempffen /
Sanct. *Michael.*

8.

O starcker Held! groß ist dein Krafft /
Sanct. *Michael,*
Ach kom̄ mit deiner Ritterschaft.
Helff vns hie kempffen /
Die Feinde dempffen /
Sanct. *Michael.*

9.

Beschützt mit deinem Schilt vnd schwerd
Sanct. *Michael,*
Die Kirch / den Hirten vnd die Herd.
Helff vns hie kempffen /
Die Feinde dempffen /
Sanct. *Michael.*

O En-gel! O jhr Gai-ster rein!
Klar wie Cri-stal vnd ed-le Stein.

Al - le   Al - le - lu - ia.
Al - le   Al - le - lu - ia.

Viel ew-er ist neun gan - tzer Chŏr /

Vom Vn - der-scheid ich wun-der hŏr /

Al - le   Al - le - lu - ia.

[1.]

O Engel! O jhr Geister rein!
Alle Alleluia.
Klar wie Cristal vnd edle Stein.
Alle Alleluia.
Viel ewer ist neun gantzer Chŏr /
Vom Vnderscheid ich wunder hŏr /
Alle Alleluia.

[2.]

De substantia Angelica.

Wir Menschē sein halb Gold / halb Erdt
Alle Alleluia.
Halb Geist / halb Fleisch in halbem werth /
Alle Alleluia.
Jhr Engel recht wol gůlden heist /
All lauter Gold / all lauter Geist.
Alle Alleluia.

[3.]

De intellectu Angelico.

Gleich wie die Sonn ist ewr Verstandt /
Alle Alleluia.
Die glantzt vnd scheint durch alle Landt:
Alle Alleluia.
All Menschen Witz wie kleine Stern /
All vbertrifft die Sonne fern.
Alle Alleluia.

[4.]

De voluntate Angelica.

Der Englisch Will hat solche Krafft /
Alle Alleluia.
Ohn Hånd er grosse Werck verschafft.
Alle Alleluia.
Des Menschen Will sein Leib bewegt /
Der Englisch Will die Himmel regt.
Alle Alleluia.

[5.]

De assumptione corporum.

Ein Mahler was er mahlen mag /
Alle Alleluia.
An einem Bild macht Jahr vnd Tag:
Alle Alleluia.
Ein Leib den man lebendig acht /
Jm Augenblick ein Engel macht.
Alle Alleluia.

[6.]

De motu Angelico.

Die Engel lauffen her vnd dar /
Alle Alleluia.
Gleich wie ich mit Gedancken fahr.
Alle Alleluia.
Sie gehn durch stahl / nichts widersteht /
Wie Wind der durch die Lüfften geht.
Alle Alleluia.

[7.]

De multitudine Angelorum.

Der Engel ist vnzählig viel /
Alle Alleluia.
Die Zahl hat schier kein maß noch ziel.
Alle Alleluia.
Noch Graß noch Laub im halben Mey /
So viel noch auch so vilerley.
Alle Alleluia.

[8.]

De varietate Angelorum.

Man Wunder bey Sanct. Thomas list.
Alle Alleluia.
Kein Engel wie der ander ist /
Alle Alleluia.
So vielfalt ist kein Blumen Gart /
Da jede Blum von sonder Art.
Alle Alleluia.

[9.]

O Himlisch Heer! jhr Engel all /
Alle Alleluia.
Behüt vns wol vor allem Fall /
Alle Alleluia.
Schützt vns / leyt vns durch Weg vnd Steg /
Zum Himmel durch den schmalen Weg.
Alle Alleluia.

O Jhr Hey - li - gen auß - er - wehlt /
Der auch bey sei - ne Freund ge - zehlt /

Was Gna - den hat euch Gott er - zeigt /
Wie wol ist euch der Herr ga - neigt /

Euch gibt der Herr das hŏch - ste Gut /

Das Leib vnd Seel / das Hertz vñ muth /

Jn E - wig - keit er - frew - en thut. [thut.]

[1.]

O Jhr Heyligen außerwehlt /
     Was Gnaden hat euch Gott erzeigt /
Der euch bey seine Freund gezehlt /
     Wie wol ist euch der Herr geneigt /
Euch gibt der Herr das hŏchste Gut /
Das Leib vnd Seel / das Hertz vñ muth /
Jn Ewigkeit erfrewen thut.

2.

Jhr glantzt mehr als der Sonnen glantz /
  O wie glantzt jhr im Himmelreich /
Ewr Klarheit ist so vol vnd gantz /
  Euch ist kein Glantz auff Erden gleich.
Jhr glantzt im Himmel also sehr /
Wann jeder Stern ein Sonne wehr /
All kŏnten sie nit glantzen mehr.

3.

Ewr Leib wird seyn klar wie Crystall /
  Die Seel im Leib gantz Sonnenklar /
Die Aderen wie roth Corall /
  Goldgelb am Haupt ein Englisch Har /
Das Blut im Leib wird riechen wol /
Daß keiner nichts mehr wŭnschen sol /
Wann auch der Leib wer Balsam vol.

4.

Jhr geht herumb im Paradeiß /
  Euch ist gepflantzt der Rosengart /
Jhr brecht da Rosen roth vnd weiß /
  Vnd Blŭmelein von aller Art.
Die Blumen sein so hŭbsch vnd fein /
Daß in dem kleinsten Blŭmelein /
Viel hundert tausendt Frewden sein.

5.

Jhr werd im Himmel wol *tractiert,*
  Jhr sitzt bey Gott an seinem Tisch.
Der Tisch mit Speisen ist geziert /
  Die allezeit gantz new vnd frisch.
Was einer wil ist alles da /
Auch *Nectar* vnd *Ambrosia.*
Kein Mangel ist da bey noch nah.

6.

Was Frewd ist hie? was Lust dabey?
Was *Music!* O was Seytenspiel.
O Lust! O Frewd! O Harmoney!
Vnzåhlig sein der Stimmen viel /
Die Seytenspiel nie mûssig stehn /
Die Stimmen durcheinander gehn /
Nichts gleich erhôrt / noch auch gesehn.

7.

Jhr schawet Gottes Angesicht /
Mit solchem grossen Gust vnd Lust /
Der Mensch das kan begreiffen nicht /
Dem diese Frewd nicht selbst bewust.
Diß schawen euch so frôlich macht /
Daß jhr all Frewd der Welt nicht acht /
Daß euch das Hertz von Frewden lacht.

8.

O jhr Heyligen allzumahl /
Wir bitten euch von hertzen grund /
Helfft vns auß diesem Jammerthal /
Jetzunder in der nechsten Stund.
Gib auch O Gott der Christenheit /
Daß alle wol zum Todt bereit /
Bald kommen zu der Seligkeit.

Von
Einer Seelen im Fegfewr / 2c.

ACh! ach! och! och! O pein! O schmertz!

O wie be-trübt ist mir mein Hertz /

O Feg-fewr! O wie heiß! wie heiß /

Jch sied vnd brat in heis-sem Schweiß. [Schweiß.]

[1.]

ACh! ach! och! och! O pein! O schmertz!
O wie betrübt ist mir mein Hertz /
O Fegfewr! O wie heiß! wie heiß /
Jch sied vnd brat in heissem Schweiß.

2.   92

O Fewr! O Flam̄! O Hitz wie starck!
Die Hitz durchdringt Blut / Bein / vnd Marck /
Herauß thut schwitzen Marck vnd Blut /
O Fegfewr! O du Höllisch Glut.

3.

Ach! Ach! es nicht zu sagen ist /
Wie heiß du Höllisch Fegfewr bist /
Es schmeltzt im Fegfewr gantz vnd gar
Leib / Fleisch vnd Blut / Bein Haut vnd Har.

4.

Ach wer kan leyden solche Qual?
Gleich wie das Wachs schmeltzt hie der Stahl.
Daß Fegfewr brennt so vngehewr /
Berg schmeltzen hie in diesem Fewr.

5.

O schåw wie heiß das Fegfewr sey /
All Fewr der Welt ist nichts dabey:
Wer ander Fewr zum Fegfewr stelt /
Dem scheint gemahlt all Fewr der Welt.

6.

Das Fegfewr brent vnd nicht verbrent /
Fewr vol ist wo man sich hinwendt /
Wir gehn im Fewr / wie Fisch im Meer /
Ach! Ach! wie bin ich kommen heer.

93

7.

O Stanck im Fewr! O was ein stanck!
Der stanck allein macht tödtlich kranck.
O heulen! O schrecklicher schall /
Zhan klapfferen schalt vberall.

8.

Was schrecken ist die Leut ansehn?
Jn siedenheissen Schwefel stehn /
Wie Fewrbrånd vnd wie Kolen roth /
Jn höchster Pein! vnd höchster Nóth.

9.

O helfft! O helfft! jhr Christenleut /
Ach! ach! gedenckt doch meiner heut /
Bitt Gott daß er mir geb die Rhu.
Hůt euch daß niemand kom herzu.

Duæ voces, vel vna præcin.

MA – ri – a   jung   vnd   zart /

repetit totus chorus.

Ge – führt   zum   Tem – pel   wardt.

Pergit vox.

Das   Kind   drey – jåh – rig   war /

repetit chorus.

Vnd   blieb   da   schier   eylff   Jahr.

[1.]
MAria jung vnd zart /
Geführt zum Tempel wardt.
Das Kind dreyjåhrig war /   A
Vnd blieb da schier eylff Jahr.

2.   95

Das Kind zum Tempel kam /
Der Priester es auffnam /   B
Vnd opffert diesen Schatz
Nach Jnhalt deß Gesatz.

3.

Sanct. ANN das Kind vmbfieng /
Vnd heim vom Tempel gieng /
Sie schied mit Schmertzen ab /
Das Kind Gott vbergab.

4.

Das Kind im Tempel blieb /
Dient Gott mit Lust vnd Lieb /
Es bett / betracht / vnd laß /
Vnd nimmer müssig saß.

5.   C

Kein Arbeit war so schlecht /
Das Kind macht alles recht /
Thet alles wie ein Magdt /
Was jhme ward gesagt.

6.   D

Sein Essen / Tranck vnd Speiß /
Kam her vom Paradeiß /
Ein Engel täglich frisch
Bereit dem Kind den Tisch.   96

7.   E

O Kind! O Engel rein!
O Himlisch Jünferlein!
Du wie ein Engel bist /
Dein Speiß recht Himlisch ist.

8.

Das Kind wuchs also sehr /
Jn Heyligkeit vielmehr.
Biß daß der Göttlich Thron /
Bereit war Gottes Sohn.

A. Niceph. l. 2. c. 3. B. German. Archiepiscopus Constant. in orat. de oblat. virg. in templo. C. Sabellicus lib. 2. exempl. c. 4. & 9. D. ibid. idem. E. S. Bonauent. in medit. c. 3.

CÆ – ci - li - a   die Jung-fraw zart /

die Jung-fraw zart /   Ein   Rö - me - rin

von Ed - ler Art /   von Ed - ler Art.

Wie hoch zu prei-sen /
Jst wol zu wei-sen /   Auch wol

zu mer-cken /   Auß jh-ren Wer - cken.   [-cken.]

[1.]

CÆcilia die Jungfraw zart /
die Jungfraw zart /
Ein Römerin von Edler Art /
von Edler Art.
Wie hoch zu preisen /   99
Jst wol zu weisen /
Auch wol zu mercken /
Auß jhren Wercken.

[2.]

Pueritia sancta. 100

Von jugendt wuchs jhr Tugendt groß
jhr Tugendt groß
Gieng auff vnd blůht gleich wie ein Roß
gleich wie ein Roß
Jhr kindisch Handel /
Ein Englisch Wandel /
Heylig jhr Jugendt /
Voll aller Tugendt.

[3.]

Contemptus mundi & vitæ rigor.

Sie haßt die Welt mit allem Pracht /
mit allem Pracht /
Sich selbst / mit Gelt vnd Gut veracht /
vnd Gut veracht.
Sammet vnd Seyden /
Kont sie nicht leyden.
Jhr Hembder waren
Alle von Haren.

[4.]

Lectio libri Spiritualis.

Die Gôttlich Schrifft mit grossem Lust
mit grossem Lust
Trug sie allzeit an jhrer Brust /
an jhrer Brust /
Darin gelesen
Das Geistlich Wesen /
Was da gefunden /
Vbt sie von stunden.

[5.]

Oratio & meditatio. 101

Ein Orgel jhr im Hertzen stundt /
im Hertzen stundt /
Lobt Gott / vnd sang mit Hertz vñ Mundt /
mit Hertz vñ Mundt.

Betten / betrachten /
Hoch thet sie achten /
Das war jhr singen /
Vnd Orgel klingen.

[6.]

Virginitatis amor.

Jhr Jungfrawschafft / das Kleinot thewr /
das Kleinot thewr /
Jm streit probiert / wie Gold im Fewr /
wie Gold im Fewr /
Liebt sie ohn massen /
Wolt das nicht lassen /
Eh hett sie geben
Jhr Leib vnd Leben.

[7.]

Virginitatis custodia.

Vom Himmel war jhr zugesandt
jhr zugesandt
Ein Engel mit gewehrter handt /
gewehrter handt /
Der acht sol haben
Auff diese Gaben /
Den Schatz erhalten /
Solch Gut verwalten.

[8.]

Zelus animarum. 102

Den Engel als nun bey jhr stehn /
nun bey jhr stehn /
Jhr Bräutigam klar hett gesehn /
klar hett gesehn.
Er sich bekehrte /
Vnd Christum ehrte /
Auch Gnad erworbe /
Vnd Marter storbe

[9.]
Eleemosynæ datæ.

Darauff gieng sie von hauß zu hauß /
von hauß zu hauß /
Vnd theilt jhr Gut den Armen auß /
den Armen auß.
Darnach gefangen /
Zum Richter gangen /
Fieng an zu streiten /
Zur Kron zu schreiten.

[10.]
Fortitudo & Patientia.

Der erste Streit / vnd erste Kampff /
vnd erste Kampff /
Ein Badstub war voll Fewr vnd dampff
voll Fewr vnd dampff
Da sie geschlossen
Blieb vnuerdrossen
Ein Tag vnd Nachte /
Doch nicht verschmachte.

[11.]
Martyrium. 103

Als Fewr vnd Flam durch Gottes Gnad
durch Gottes Gnad
Jhr nichts geschad / in diesem Bad
in diesem Bad
Der Richter hiesse /
Die Jungfraw liesse /
Nach vielen Plagen /
Den Kopff abschlagen.

[12.]

Perseuerantia.

Am Hals verwund drey gantzer Tag /
    drey gantzer Tag /
Die Jungfraw in der Marter lag /
    der Marter lag /
Die zu jhr giengen /
Gut Lehr empfiengen /
Biß Christus kommen /
Vnd sie genommen.

**Folgen 9. oder 10. Gesång /
von fúrnehmen Tugenden.
Vnd erstlich /
Vom
Glauben vnd guten Wercken.**

SChåm dich: schåm dich du fau - ler Christ /

Der du so faul im gu - - ten bist /

Merck hie der Ket - zer List.

Die dir das Gifft ge - bla - sen ein /

Man kónn ohn Werck wol se - lig sein. [sein.]

[1.]
SChåm dich: schåm dich du fauler Christ /
Der du so faul im guten bist /
Merck hie der Ketzer List.
Die dir das Gifft geblasen ein /
Man könn ohn Werck wol selig sein.

2.

Fůrwar allein den Weitzen thewr /   *A*
Gott samblen wird in seine Schewr /
   Die Sprewer zu dem Fewr.
Der Feigenbaum wird auch verflucht /   *B*
Da Christus Frucht vmbsonst an sucht.

3.

Der Gast auch ohn hochzeitlich Kleydt /
Wird von der Hochzeit abgescheydt /   *C*
   Es sey lieb oder leyd.
Ohn Kleyd muß er zur Hôllen zu /
Schaw was der Glaub ohn Liebe thu.

4.

Die Nårrische Jungfrawen seh /   *D*
Wie es ohn Oel denselben geh /
   Wie Glaub ohn Lieb besteh.
Der Knecht dem Herren auch mißfiel /
Der ohne Gewiñ sein Pfund behiel.   *E*

5.

Mit deinem Glauben Berg versetz /   *F*
Red wol / vnd wie ein Engel schwetz:
   Diß all ohn Lieb nicht schetz.
Ohn Lieb all Prophecey vnd Kunst /
Allmusen / Marter / all vmbsunst.

6.

Der werckloß Glaub am Jůngsten tag /
Wird fahren in die Hôllisch Plag /   *G*
   Mit Blitz vnd Donnerschlag:
Der werckreich Glaub zu seinem Lohn
Empfangen wird die Himlisch Kron.

A. Matt. 3. B. Marc. 11. C. Matt. 22. per vestem nupt. S. Gregor. homil. 38. char. & bona opera intelligit. D. Matt. 25. S. Hieron. per oleum, opera virtutum. E. Luc. 19. F. 1. ad Cor. 13. G. Matt. 25. Fides sine charitate esse potest, non prodesse, ait August. l. 15. de Trinit. c 18. Etsi credideris, non autem recte vixeris, nulla tibi ad salutem vtilitas. ait S. Chrys. hom. 30. in Ioan.

Lesarten von X
(1,2) zum Guten
(2,5) vmb sunst
(5,3) nit

DAs wah-re Heyl vnd al - len Trost /
Der vns durch sei - nen Todt er - lost /

Vns Chri-stus hat er - wor - ben /
Für uns am Creutz ge - stor - ben /

Er ist für - war der Mit - ler gut /

Der vns er - lößt mit sei - - -nem Blut /

Das wir nicht sein ver - dor - - ben.

[1.]

DAs wahre Heyl vnd allen Trost /
Vns Christus hat erworben /
Der vns durch seinen Todt erlost /
Für vns am Creutz gestorben /
Er ist fůrwar der Mitler gut /
Der vns erlőßt mit seinem Blut /
Das wir nicht sein verdorben.

2.

Wie kompt nun daß noch so viel gehn
Zum ewigen Verderben?
Wie kompt daß wir so wenig sehn
Die Gottes Reich ererben?
Wie kompt daß Christi Todt vnd Pein /
An vielen gar verlohren sein?
Die hin zur Höllen sterben.

3.

Ach Gott das thut die Ketzerey /
Dauon die Lehr geboren /
Daß nichts / nur Glaub vonnöthen sey /
Wer glaub sey außerkoren:
Werck hin / Werck her; Werck auff / Werck ab /
Wer nur den blossen Glauben hab /
Der könn nicht sein verloren.

4.

Auß diesem Dunst / vnd Ketzer Lehr /
All Vnheil ist erstanden /
Vnd wachsen täglich mehr vnd mehr /
Die Laster / Sünd / vnd Schanden.
Jst niemandt der die Tugendt acht /
Wo Glaub alleine selig macht /
Kein Zucht ist da vorhanden.

5.

Wolan: glaub mir mein fromer Christ /
Vnd laß dich nicht betriegen /
Zur Seligkeit mehr nöthig ist /
Als dir die Ketzer liegen.
Gewalt / Gewalt der Himmel leyd /
Wiltu hinein / Gewalt nicht meyd /
Du vmb die Kron must kriegen.

6.

Fůrwar die Lieb gehőrt darzu /
Vnd auch ein Christlich Leben /
Man sag vnd sing / vnd was man thu /
Gott fordert das darneben /
Wer glaubt / vnd glaubt / vnd lebt nicht wol /
Nur Sůnd vnd Schand vnd Laster vol /
Der wird dem Teuffel geben.

7.

Nun wiltu dann zum Himmelreich /
Meid bőß vnd thu das gute;
Leb keinem falschen Ketzer gleich /
Jn solchem Vbermuthe:
Mit guten Wercken treib nicht spott /
Főrcht Gott / lieb Gott / halt sein Gebott /
Sonst hilfft nichts Christi Blute.

KJnd wil - tu se - - lig wer - den /
Ohn De - mut nichts auff Er - - den /

De - - mü - thig mu - stu sein /
Hilfft dir zum Him - mel ein /

noch gunst / noch küst / noch gelt / noch gut /

Noch Mar - ter / noch ver - gos - sen Blut /

Ohn De - mut al - les thu /

Bleibt doch der Him - mel zu.

[1.]

KJnd wiltu selig werden /
Demůthig mustu sein /
Ohn Demut nichts auff Erden /
Hilfft dir zum Himmel ein /
Noch gunst / noch kůst / noch gelt / noch gut /
Noch Marter / noch vergossen Blut /
Ohn Demut alles thu /
Bleibt doch der Himmel zu.

2.

Die Demuth die wir loben /
Das *præ* gibt jederman:
Nicht sitzen wil hoch oben /
Sie setzt sich vnden an:
Sehr hoch die Demuth alle acht /
Zur Magdt sich dem geringsten macht /
Sich hinder alle stellt /
Nichts von sich selber helt.

3.

Die Demuth meint es můssen
Nur regnen Fewr vnd Schwerdt /
Getretten sein mit Fůssen /
Deß sey sie alles werth.
Was jhr gescheh / vnd wie es geh /
Lobt Gott / ist froh / vnd klagt kein Weh.
Sie sagt all Trůbsal vol /
Es steh noch viel zu wol.

4.

Die Demuth låst sich finden
Wo sie Beschwernuß find /
Sich selbst wil vberwinden /
Geht durch als wehr sie blind.
Jm Hospital schier Tag vor Tag /
Bey Krancken wo sie kan vnd mag.
Also die Demuth kempfft /
Vnd jhren Hoffart dempfft.

5.

Die Demuth låst jhr sagen
All was man von jhr weiß /
Von neidischen beklagen /
Wird jhr der Kopff nicht heiß.
Das ist ein Bad / daß jhr nicht schad /
Vnd macht sie rein das heisse Bad /
Vnd hat das Bad vmbsunst /
Das acht sie grosse Gunst.

6.   (A5b)

Die Demuth legt gantz nider /
Den Kopff vnd eygen Sinn.
Thun keinem nichts zu wider /
Hålt sie vor groß Gewinn.
Von eygen Lob wirdt Demuth kranck /
Gleich als von Gifft vnd bösem Stanck.
Es sticht jhr Tugendt groß /
Jm Knopff die schöne Roß.

6.   114

Die Demuth acht ohn massen
Was jhres Nechsten ist /
Jhr eigen thun vnd lassen /
Acht sie vor Stanck vnd Mist.
Sie wil an jhr kein Tugendt sehn /
Allein da sicht wo Mångel stehn /
Das Gegenspiel durchauß /
Jn jhres Nåchsten Hauß.

7.

Die Demuth zu viel schwetzen
Hat weder Lieb noch Lust.
Hålt sich / vnd låst sich schetzen
Zum reden vnbewust.
Von eigen Lob wird Demuth kranck /
Gleich als von Gifft vnd bösem Stanck /
Kompt auch kein Schimpff noch Schertz /
Der Demuth in das Hertz.

8.

Die Demuth wil nicht tragen
   Gewand das kôstlich sey /
Sie haßt das Blaw am Kragen /
   Vnd all solch Schmiererey.
Geziert vor Gottes Angesicht /
Gefallen wil den Menschen nicht /
   Wer Gott gefállt ist schon /
   So schon noch Sonn / noch Mon.

9.

Die Demuth wil nur kennen
   Sich selbst / vnd jhr Natur:
Sie weiß nicht wol zu nennen
   Kein ander Creatur:
Sie weiß daß sie von schlechter Art /
Auß Staub gemacht / nicht Eysen hart.
   Voll Leyden / Leyd / vnd Noth /
   Heut kranck / vnd Morgen todt.

Lesarten von X
(2,3) Nit
(4,8) jhre
(5,2) was du
(5,3) neidischem
(5,4; 5,5; 8,1; 9,3; 9,6) nit
(7,5–6) Nicht prangt sie mit Wolredenheit /
   Schlecht red sie in Einfåltigkeit.

O Gold im Fewr! Ge-dult wie thewr!
O Ed - ler Stein! Ge-dult wie fein!

Wer kan dein Werth auß - spre - chen?
De - mant der nicht zu bre - chen.

Ge-dult De-mant / sehr wol ge-nant /

Von al - len wird ge - prie - - sen /

Jm Werck nicht viel er - wie - - sen.

Jm Werck nicht viel er - wie - - sen.

[1.]

O Gold im Fewr!
Gedult wie thewr!
    Wer kan dein Werth außsprechen?
O Edler Stein!
Gedult wie fein!
    Demant der nicht zu brechen.

Gedult Demant /
Sehr wol genant /
Von allen wird gepriesen /
Jm Werck nicht viel erwiesen /
Jm Werck nicht viel erwiesen.

2.   117

Ein frommer Christ /
Der gůlden ist /
Muß Fewr vnd Prob nicht meyden.
All Creutz vnd Noth /
Biß in den Todt /
Gedultig muß er leyden.
Jm schlagen bricht /
Kein Demant nicht /
Gleich wie Demant all schlagen /
So leyd Gedult all Plagen /
So leyd Gedult all Plagen.

3.

Wer schawen kan /
Schaw Christum an /
Ein Spiegel dieser Tugendt:
Sein Leyden zwar
Ein Spiegel klar /
Vor Alt vnd vor die Jugendt.
Der Mensch vnd Gott /
Mit Schimpff vnd Spott /
Durch Någel / Dŏrn vnd Ruthen
Sich todt am Creutz must bluten /
Sich todt am Creutz must bluten.

4.   118

Hie such vnd seh /
Kein Ach / kein Weh /
Jm Spiegel ist zu mercken:
Jn Pein vnd Schmach /
Gedult ohn Rach /
Schaw hie in Wort vnd Wercken.

Er zörnt gar nit /
Für alle bitt:
  Jn solchem grossen Schmertzen /
  Liebt er die Feind von Hertzen /
    Liebt er die Feind von Hertzen.

5.

Wer also thut /
Sey wol gemuth /
  Das Leyden wird verschwinden.
Darzu die Kron /
Vnd grossen Lohn /
  Jm Himmel wird er finden.
Er hoffen solt
Jm Fewr das Gold /
  Wie auch Demant in streichen /
  Werd jhm zur Kron gereichen /
    Werd jhm zur Kron gereichen.

Lesarten von X

(1 ff.) Gedult *und* Demant *durch größeren Schriftgrad durchgehend hervorgehoben.*
(1,6; 1,10; 2,3) nit
(5,5) Ein grossen

EJn Jung-fraw auß-er-ko-ren /

Hat Got-tes Sohn ge-boh-ren /

Der drey vnd dreys-sig Jahr /

Bey vns auff Er---den war /

Da er ge-lehrt hat je-der-man /

Vnd gros-se Wun-der-werck ge-than /

Die nie-mand wol er-zeh-len kan.

[1.]

EJn Jungfraw außerkoren /
Hat Gottes Sohn gebohren /
Der drey vnd dreyssig Jahr /
Bey vns auff Erden war /
Da er gelehrt hat jederman /
Vnd grosse Wunderwerck gethan /
Die niemand wol erzehlen kan.

2.

Als er zum Oelberg gangen
Sein Leyden anzufangen /
Solch Angst sein Hertz erhitzt /
Daß er den Blutschweiß schwitzt.
Vom Blut die Erd ward Purpur roth /
Sein Angesicht bleich wie der Todt /
So groß war seine Angst vnd Noth.

3.

Gefangen von den Scharen /
Die darumb kommen waren /
Geschleifft zum Garten auß /
Zu Annas in daß Hauß.
Vnd eben in derselben Nacht /
Zu Caiphas ward er gebracht /
Der jhm nach Leib vnd Leben tracht.

Joan 18.

4.

Ach hie ist nicht zu sagen
Was da sich zugetragen /
Mit jhm die Schar vnd Rott /
Trieb allen Schimpff vnd Spott /
Die Eysen hand vnd Backenstreich /
Sein Haupt vnd Antlitz schlugen weich /
Gelb / Grün / vnd Schwartz / Braun / Blaw vnd Bleich.

5.

So bald der Tag ankommen /
Für das Gericht genommen /
Pilato ward gesandt
Dem Richter in die handt.

120

121

Viel Lůgenwercks ward da gesagt /
Sehr fålschlich ward er angeklagt /
Vnd vber alle maß geplagt.

6.

122

Bald gieng es an ein bluten /
An Geiselen vnd Ruthen:
 Sechs Hencker schlugen zu /
 Ohn alle Rast vnd Rhu.
Jhn schlugen sie voll Wunden groß /
Man sah jhm Bein vnd Rippen bloß /
Auch Haut vnd Fleisch hieng alles bloß.

7.

Die Hencker hie zu lachen /
Ein Kron von Dőrnen machen /
 Die Kron jhm auffgesetzt /
 Sein Haupt vnd Hirn verletzt.
Die Kron sein Stirn vnd Hirn durchstoch /
Kein Aug / kein Ohr war ohn ein Loch /
Das Blut durch Mund vnd Naß außbroch.

8.

123

Kaum kőnt er sich mehr wegen /
Das Creutz doch auff jhn legen /
 Daß er getragen hat /
 Hinauß weit fůr die Stat.
Das Creutz war groß vnd viel zu schwer /
Daß er mit schier erlegen wer /
Must gleichwol fort mit lauffen sehr.

9.

Ach hie muß ich es lassen /
Dann groß ohn alle massen
 Gewesen Schmertz vnd Weh /
 Am Berg Caluarie.
Dein Schmertz vnnd Weh Herr Jesu Christ /
Da du am Creutz gehangen bist /
Von niemandt außzusprechen ist.

Christ sprach O Seel! O Toch-ter mein

Heb auff dein Creutz / schick dich dar-ein /

Es kan vnd mag nicht an-ders sein /

Das Creutz das ich ge-tra-gen hab /

Mu-stu vom Hals nicht wer-ffen ab.

[1.]
Christ sprach O Seel! O Tochter mein
Heb auff dein Creutz / schick dich darein /
Es kan vnd mag nicht anders sein /
Das Creutz das ich getragen hab /
Mustu vom Hals nicht werffen ab.

Die Seel zum Creutz sehr langsam kam /
Als wer sie aller Glieder lam /
Vngern das Creutz sie auff sich nam /
  Als wann ein Laßt zu tragen wer /
  Viel hundert tausent Centner schwer.

3.

Christ sprach O Seel! es hilfft hie nicht /
Es hilfft noch sawr / noch süß Gesicht /
Dich in das Creutz nur wacker richt /
  Es muß doch sein / dich bieg vnd bůck /
  Das Creutz muß dir auff deinē Růck.

4.

Die Seel darauff kein Wȯrtle sagt /
So gar erschrocken vnd verzagt /
Der Angstschweiß ward jhr außgejagt;
  Mit einem Fuß zum Creutz zu gieng /
  Vnd das mit einer Hand vmbfieng.

Christ sprach: wolauff: greiff zu greiff zu /
Gehertzt das Creutz angreiffen thu:
Berg auff / Berg ab / ohn Rast vnd Rhu /
  Durch lauter Dȯrn vnd Distel geh /
  Still nirgend steh / nit vmb dich seh.

6.

Die Seel sprach: O Herr Jesu Christ!
Jch weiß daß du so gůtig bist /
Dein Hertz auch lauter Zucker ist /
  Warumb bistu mir dann so hart /
  Da ich noch bin so iung vnd zart.

7.

Christ sprach: O Seel sey wolgemuth /
Mein Lieb das Creutz dir geben thut /
Das Creutz bringt dir all Ehr vnd Gut:
    Mein Creutz das ist ein thewres pfand
    Wem ich das geb / ist mir bekant.

8.

Als hie die Seel ein Hertz gefast /
Sie allgemach das Creutz antast /
Probiert jhr Sterck / versucht den Last:
    Fragt auch vnd weiter wissen wolt /
    Warzu das Creutz jhr dienen solt.

9.

Christ sprach: O Tochter! glaub mir frey /
Daß in dem Creutz dein Wolfahrt sey /
Jch durch das Creutz dich benedey.
    Dir helff zu einem grossen Lohn /
    Zum Thron / zum Scepter / vnd zur Kron.

10.

Darauff die Seel sich kurtz bedacht /
Hub auff das Creutz mit aller Macht /
Sie kůst das Creutz / vnd hertzlich lacht:
    Vmb diese Gab danckt sie dem Herrn /
    Vnd trug das Creutz von hertzē gern.

Vna vox interrogat: Chorus Rx.

Vox. SAg was hilfft al - - - le Welt?

Mit al - - - lem Gut / und Gelt /

Chor. Al - - - les ver - schwind ge - schwind /

Gleich wie der Rauch im Wind. [Wind.]

[1.]

Vox. SAg was hilfft alle Welt?
     Mit allem Gut / vnd Gelt /
Chor.   Alles verschwind geschwind /
     Gleich wie der Rauch im Wind.

2.   129

Was hilfft der hohe Thron?
Das Scepter? vnd die Cron?
     Scepter vnd Regiment /
     Hat alles bald ein Endt.

3.

Was hilfft sein hůpsch vnd fein?
Schôn wie die Engel sein?
   Schônheit vergeht im Grab /
   Die Rosen fallen ab.

4.

Was hilfft ein Goldgelb Har?
Crystall die Augen klar?
   Lefftzen Corallen roth /
   Alles vergeht im Todt.

5.

Was ist das Gůldenstuck?
Von Gold Zier vnd Geschmuck?
   Gold ist nur rothe Erdt;
   Roth Erdt ist nicht viel werth.

6. 130

Was ist das Roth Gewand?
Das Purpur wird genant?
   Von Schnecken auß dem Meer /
   Kompt alle Purpur heer.

7.

Was ist der Seidenpracht?
Wer hat den Pracht gemacht?
   Es haben Wůrm gemacht
   Den gantzen Seidenpracht.

8.

Was sein dann solche Ding?
Die jhr schåtzt nicht gering?
   Wůrmdreck: Erd: Schneckenblut:
   Jst das vns zieren thut.

9.

Jst das nicht Phantasey?
Vnd grosse Narrerey?
   Alles ist Narrerey /
   Vnd lauter Phantasey.

O Christ-li-che Jung-fraw-en schon /
Dar-umb euch kurtz vn̄ gut be-denckt /

Zur Braut be-gehrt euch Got-tes Sohn /
Dem Bräu-ti-gam euch frö-lich schenckt.

All-mäch-tig ist der Bräu-ti-gam /

Sehr E--del ist sein Ed-ler Stam̄ /

So weiß/ so reich / so hübsch vnd fein /
Wird kei-ner mehr zu fin-den sein.

[1.]

O Christliche Jungfrawen schon /
Zur Braut begehrt euch Gottes Sohn /
Darumb euch kurtz vn̄ gut bedenckt /
Dem Bräutigam euch frölich schenckt.
Allmächtig ist der Bräutigam /
Sehr Edel ist sein Edler Stam̄ /
So weiß / so reich / so hübsch vnd fein /
Wird keiner mehr zu finden sein.

2.

Der Bråutigam ist jung vnd zart /
Sein Antlitz wie ein Rosengart:
Schön weiß vnd roth / wie Milch vnnd Blut /
Sein Farb erfrischt Sinn / Hertz vnd Muth:
Sein Haupt ist Gold / krauß ist sein Har /
Sein Lefftzen Roth / sein Augen klar /
Sein Athem vber Balsam süß /
Schön alles vom Haupt auff die Füß.

3.

Der Bråutigam Gott selber ist /
Schaw Braut wie du so selig bist:
Der bringt dir was dein Hertz begehrt /
Vnd was er gibt / bleibt vnuerzehrt.
Er bringt der Braut all Gut vnd Ehr /
Kein König kónt jhr bringen mehr.
Sein ist all Gut der gantzen Welt /
Mit allem Gold / vnd allem Gelt.

4.

Er gibt der Braut viel schöne Ding /
Viel Brasiletten / vnd viel Ring:
Berl: Edle Stein: Silber vnd Gold:
Vnd Kleinod / wie man wünschen wolt.
O was ein Kleid! O was Gewand!
O was ein Scepter in der Hand!
O was ein Kron! O was ein Krantz!
O was ein Zier! O was ein Glantz!

5.

Kein Keyserin ist also reich /
Die Christi Braut sein kónte gleich.
Sie werd im Himmel sitzen da
Sehr hoch bey jhrem König nah.
O Jungfraw hastu Lust hiezu /
Dich kurtz vnd gut bedencken thu:
So viel kein Mensch dir geben kan /
Du kanst nicht hóher kommen an.

Vide Breuiarium Roman. 21. Ian. de
S. Agnete.

Hůt dich / hůt dich / für Lå - ster - wort /

Hie strafft sie Gott / vnd e - wig dort /

Der Hey - - li - gen bey Leib nit spott /
Viel we - ni - ger rad wi - der Gott /

Schaw wie Gott sol - che Måu - ler schlag /

Vnd al - le Lå - ster - zun - gen plag.

[1.]
Hůt dich / hůt dich / für Låsterwort /
Hie strafft sie Gott / vnd ewig dort /
Der Heyligen bey Leib nit spott /
Viel weniger red wider Gott /
Schaw wie Gott solche Måuler schlag /
Vnd alle Låsterzungen plag.

2.

Sanct. Paulus sie dem Teuffel gab /   *A*
Vnd schnitt sie von der Kirchen ab.
Olympium drey Donnerpfeil /   *B*
Drey Pfeil erschlugen in der Eil.
Ein Spieß der von dem Himmel kam /
Das Leben *Iuliano* nam.   *C*

3.

Nestorio die Zung ward faul /   *D*
Voll Würm die Zung / das Låstermaul.
Hans Zwick / für Hall sein Naß verlohr /
Geschossen ab mit einem Rohr.   *E*
Ein ander ließ mit grossem Leyd /   *F*
Jn Sichem seine Augen beyd.

4.

Der Straffen vielmehr zeigen an
Nicephorus vnd *Damian.*   *G*
Krieg: Hunger: Pest: der Plagen drey /
Setzt hie *Iustinianus* bey.   *H*
Also strafft Gott: sih fleissig zu /
Daß dich der Streich nicht treffen thu.

5.

Das Keyserliche Recht gebeut /   *I*
Zu tødten solche losen Leut.
Sanct[.] Ludwig Kønig hoch genant /   *K*
Ein Loch durch solche Zungen brant.
Solch Leut Sanct. *Augustinus* acht   *L*
Gleich den; die Christum vmbgebracht.

6.

So hüt euch dann jhr Christen all /
Daß niemand in das Laster fall /
Bey Leib nicht mehr vnhøfflich nent
Gott: Crysam: Tauff: vnnd Sacrament:
Auch Creutz vñ Leyden: Wunden: Blut:
Hinfüro nicht mehr schenden thut.

GLOSSA.

A. 1. ad Timoth. 1.

B. Olympius Episcopus Arrianus. SS. Trinit. publicè blasphemans,
tribus ictus iaculis, ceu fulminib. consumptus. test. Paul. diac. l. 15. in
Anastasio.

C. Iulianus apostata, blasphemus Imperator, in bello Persico, diuinitus ‖
lancea inter costas percussus, sanguinē suum manu in cœlum iaculatus, 137
exple ait, iram tuam Galilæe (ita Christum vocabat) vicisti: vicisti,
&c. test. Sozom. Ruffin. Eutrop.

D. Lingua Nestorij à vermibus erosa, quod dixisset B. Virg. esse
Christiparam, non Deiparam, &c.

E. Hæretici Hallas, oppidum prope Bruxellas statua B. Virg. miraculosa
celebre, capere cum cogitarent, vnus ex ijs, Hans Zwick nomine, accedens
ad vrbem, ego, ait, meis manibus Hallensi mulierculæ (ita vocabat sta-
tuam) nasum abscindam, audit virgo, procurans vt eidem plumbea glande
ex vrbe emissa nasus auferatur. Cornel. à Lapid. in c. 24. Leuitici.

F. Alius inter Hollandos, cum B. V. Sichemensis Sacellum expilarent,
fuit eques habens equum cæcutientem, is veniens ad Sacellum irridens
dixit, si Maria hic facit miracula, illuminet meum equum. audit Virgo,
visum equo ‖ *restituit, blasphemum vero ipsum excçcat. idem Cornel.* 138
ibid. ex oculatis testibus.

G. Niceph. l. 18. hist. c. 33. Damian. epist. 4. c. 13.

H. Iustinianus Imperator. in authen. const. 77. famem, pestilent. &c.
ab irato Deo immitti propter blasphemias.

I. Eas vltimo supplicio extirpandas. ibid. & Cod. Theod. tit. 2.

K. S. V[i]ncent. feria 4. post Iudica. & Paul. Æmil. l. 7. hist. Franc.
candentem laminam fronti blasphemi. iubente S. Rege inustam.

L. in illud, Matt. 26. blasphemauit. nō minus peccant, qui blasphemant
Christum regnantem in Cœlis, quam qui crucifixerunt ambulantem in
terris, &c. addit Theodor. q. 33. blasphemiæ merito aptatur lex & pœna
homicidij, quia cum blasphemus Creatorem non possit interficere, ferit
lingua.

153

GE - lobt sey Gott der Vat - ter /

Jn sei - - nem höch - - sten Thron /

Vnd auch der Se - lig - ma - cher /

Sein ein - - ge - - bor - - ner Sohn /

Ge - lobt sey auch der Trö - ster /

Der le - bend - ma - chend Geist /

Der ei - nig Gott vnd Her - scher /

Die Drey-heit al-ler-meist. Ky - ri-e E - ley - son.

[1.]

GElobt sey Gott der Vatter /
  Jn seinem hôchsten Thron /
Vnd auch der Seligmacher /
  Sein eingeborner Sohn /
Gelobt sey auch der Trôster /
  Der lebendmachend Geist /
Der einig Gott vnd Herscher /
  Die Dreyheit allermeist. Kyrie / Eleyson.

2.   140

O Gott! wôllest außreuten
  Jrrthumb vnd Ketzerey /
Damit bey allen Leuten
  Der Glaub ohn Jrrthumb sey:
Den Glauben helff vermehren
  Auff Erden weit vnd breit /
Daß alle dich recht ehren /
  Nun vnd in Ewigkeit. Kyrie / Eleyson.

3.

Helff alle Pâß versperren /
  Tûrckischer Krafft vnd Macht:
Verleyh Fûrsten vnd Herren
  Den Sieg in aller Schlacht.
Dem Keyser triumphieren
  Helff in dem gantzen Reich /
Glûckseliges regieren /
  Gib allen Fûrsten gleich. Kyrie / Eleyson.

4.   141

Gib daß wir alle halten
  Dein heyliges Gebott:
Gib daß wir vns nicht spalten /
  Von dir O trewer Gott.
Gib daß wir glaubig bleiben
  Biß zu dem letsten Endt /
Vnd laß vns nicht ableiben
  Ohn alle Sacrament. Kyrie / Eleyson.

5.

Gib daß wir selig werden
  Durch deine grosse Gnad /
Gib daß vns nichts auff Erden
  An Leib vnd Seelen schad;
Durch deine grosse Gůte /
  Kranckheit vnd Krieg auffheb;
Die Frůcht im Feld behůte /
  Zu letzt dich selber gib. Kyrie / Eleyson.

PSALM XLIV.

יפיפית

Il più bello del mondo.
Das
Allerschönste Kind
in der Welt.
MARGARITA
in
Concha, &c.
Berl in Goldt/
Die
Gottheit
in der
Menschheit/ 2c.
ὦ
Μυστήριον
Wunder vber Wunder.
ad Coloss. I.

Getruckt zu Würtzburg/ bey Johan
Volmari/ Jm Jahr 1622.

Vorspruch

Vorrede

Lieder 33–57

Hæc est vita æterna   A1b
vt
cognoscant te verum DEVM, *&*
quem misisti IESVM Christum, *&c.*
Ioan. 17.
Wer Christus sey / lern junger Christ /
Zur Seligkeit es nôthig ist /
Wer Christus sey / hie fleissig such /
Kurtz alles steht in diesem Buch.
Omnes
etiam rustici tenentur scire, spricht
Toletus, DEVM *vnum*
& trinum, &c.
Et
CHRISTI *incarnationem*
& Natiuitatem, &c.
Et
est mortale peccatum, ista ignora-
re, secundum communem senten-
tiam. Nec ignorantia excusan-
tur, &c. lib. 4. instruct.
Sacerd. c. 2.

[Vorrede]

Günstiger Leser/ da hastu vom *Iaphe-*
iaphítha mibbeneí adám, von *specioso præ filiis hominum*, vom
Göttlichen Christkind/ fünff Tractätlein.

Jm ersten hastu/ wie hefftig die Heylige Patriarchen vnnd Pro-
pheten nach Christo verlangt: was Jsaias dauon pro[p]heceyet: was
im alten Testament durch Figuren dauon vorgebildt: vñ was den
Heyden vil 100. Jahr zuuor dauon offenbaret worden.

Im 2. Tractätl. hastu die *execution* oder Vollziehung der Menschwerdung: als vom Englischen Gruß vnd verkündigung Marie: von
vereinigung Göttlicher vnd menschlicher Natur in einer Person
Christi: von seiner Gottheit vnd Menschheit: vnd von 3. Wunder-
wercken die sich hiebey begeben.

Jm 3. hastu die Vmbstånd der Geburt/ *tempus, &c. locum, &c.*
wann: wo: wie: item etliche Wunder/ die vor/ in/ vnd gleich nach
der Geburt geschehen/ 2c.

Jm 4. findestu die H. Engel: die Hirten: die H. drey König bey
der Krippen; neben einem Frewdenspiel welches die vnschüldige
Kindlein gehalten.

Jm 5. hastu allerley/ Hertz was begerstu/ newe vnd alte Jubel=
vñ Frewdengesång/ 2c.

Diß alles hastu *ordine quodã*, fein Teutsch in kurtzen Worten/
vñ süssen Melodeyen/ 2c. Wie gründtlich aber/ wirstu finden *in Notis*
am end eines jeden Tractätls. Was mehr im Lufft/ wird die Zeit auch
geben/ *Vale.*

O Hey-land reiß die Him-mel auff /

Her-ab / her-ab vom Him-mel lauff /

Reiß ab vom Him-mel Thor vnd Thür /

Reiß ab was Schloß vnd Rie-gel für.

[1.]
O Heyland reiß die Himmel auff /
Herab / herab vom Himmel lauff /
Reiß ab vom Himmel Thor vnd Thür /
Reiß ab was Schloß vnd Riegel für.

2.
O Gott! ein Thaw vom Himmel gieß /
Jm Thaw herab O Heylandt fließ.
Jhr Wolcken brecht vnd regnet auß /
Den König vber Jacobs Hauß.

3.   A3a
O Erdt schlag auß! schlag auß O Erdt!
Daß Berg vnd Thal grün alles werdt.
O Erdt herfür diß Blümle bring /
O Heylandt auß der Erden spring.

161

4.

Wo bleibstu Trost der gantzen Welt /
Darauff die Welt all Hoffnung stelt /
O kom! ach kom! vom hŏchsten Sal /
Kom trŏst vns hie im Jammerthal.

5.

O klare Sonn / du schŏner Stern /
Dich wolten wir anschawen gern.
O Sonn geh auff: ohn deinen Schein
Jm Finsternuß wir alle sein.

6.

Hie leyden wir die grŏste Noth /
Vor Augen steht der ewig todt.
Ach kom / fŭhr vns mit starcker Handt /
Vom Elend / zu dem Vatterlandt.

Singt auff / lobt Gott / schweig ni-mand still

Weil Got - tes Sohn Mensch wer – den will /

Jn vn - ser schwa-ches Fleisch vnd Blut

Sich klei-den wil das höch – ste Gut /

Al – le – lu – – ia.

[1.]
Singt auff / lobt Gott / schweig nimand still
Weil Gottes Sohn Mensch werden will /
Jn vnser schwaches Fleisch vnd Blut
Sich kleiden wil das höchste Gut / Alleluia.

2.
Ein Kindlein das Gott mit vns heißt /
Verheissen hat der heylig Geist /
Wie alles offenbar vnd kundt
Durch Esaiæ wahren Mundt. Alleluia.

3.

Sein Mutter (spricht die Prophecey)
Daß ewig ewig Jungfraw sey /
Emmanuel in jhrem Leib /   A4a
Gott mit vns werd / sie Jungfraw bleib / Alleluia.

4.

O Mensch betracht vnd fleissig merck
Drey Wunder ding in diesem Werck.
Dergleichen Wunder nie geschehn /
Sie vber Menschen Weißheit gehn / Alleluia.

5.

Ohn Mañ die Jungfraw schwanger ist /
Jhr Kind / Gott Mensch / der wahre Christ.
Emmanuel / Gott mit vns / klein.
Die Mutter bleibt ein Jungfraw rein. Alleluia.

6.

Die Prophecey ist hell vnd klar /
Emmanuel das Wort ist war /
Gott mit vns heist Emmanuel /
So heist das Kind spricht Gabriel. Alleluia.

7.

O Gott mit vns / Mēsch Gottes Sohn!
Kind wunder / wunder / wunder schon.
{Mach vnser Hertz zu deinem Sal /
Vnd bleib Gott mit vns / allzumal. Alleluia.

Figur
Von der Menschwerdung /
Exod. 26.

WJe Gott werd kom-men auff die Erd /

Vnd sich in Fleisch ver - ber - gen werd /

Das zei - gen auch Fi - gu - ren an /

Die je - der - man be - greif - fen kan.

[1.]

WJe Gott werd kommen auff die Erd /
Vnd sich in Fleisch verbergen werd /
Das zeigen auch Figuren an /
Die jederman begreiffen kan.

2.

Die Gottheit wird verborgen sein /
Verschlossen in die Menschheit ein /
Wie Gold das in der Erden sticht /
Verborgen tieff daß niemandt sicht.

3.

Wie das auff Erden soll geschehn /
Gibt vns figůrlich zuuerstehn
Der Vmbhang / der im Tempel hieng /
Vnd vmb den Tabernackel gieng.

4.

Gleich wie mit diesem Vmbhang zart /
Bedeckt der Tabernackel wardt /
Also bedeckt mit zartem Leib
Gott werden soll von keuschem Weib.

5.

Gleich wie der Vmbhang Arbeit vol /
Gestrickt / gestickt / geweben wol /
So soll der Leib seyn wunder schon /
Der soll bedecken Gottes Sohn.

6.

O Leib! O Vmbhang! gůlden gantz!
Viel schőner als der Sonnen glantz /
Sehr schőn du schőner Vmbhang bist /
Ach seh ich was darunter ist.

ALs Je - re-mi - as ward ge-sandt /

Ge - fan - - gen in E - - gyp - ten - landt /

Er pro - phe-cey - et v - ber - all /

Das Kind / die Jung - fraw / Krip vn̄ stall /

Kundt macht er auch vnnd of - - fen - bar /
Wie GOtt ein Kind würd kom - men dar /

Die Göt-zen pla - gen / Zu bo-den schla - gen.

[1.]

ALs Jeremias ward gesandt /
Gefangen in Egyptenlandt /
Er propheceyet vberall /
Das Kind / die Jungfraw / Krip vn̄ stall /
Kundt macht er auch vnnd offenbar /
Wie GOtt ein Kind wůrd kom̄en dar /
    Die Gŏtzen plagen /
    Zu boden schlagen.

2.   A6a

Daß nam Egypten wol in acht /
Vnd sehr viel solche Bilder macht.
Jn einem Stall ein Jungfraw rein /
Ein Kind auch in ein Krip hinein /
Dem gaben sie die hŏchste Ehr.
Vnd was da vor Geheimnuß wehr /
    Denen die fragten /
    Die Priester sagten.

3.

Deßgleichen man von diesem Kind
Jn Rŏmischer History find /
Wie man in eines Heyden Grab
Ein gůlden Blech gefunden hab /
Das gůlden Bleich geschrieben voll /
Wie Gottes Sohn Mensch werden soll.
    Von einem Weibe
    Daß Jungfraw bleibe.

4.

Der Heydnischen Sibyllen Schrifft
Auch schŏn auff diß Geheimnuß trifft /
Wer jhre Bůcher vberschlagt /
Findt wunder was sie weißgesagt.
Zwar jhre Wort mit rothem Gold
Ein Christ ins Hertz einschreiben solt.
    Christo zu Ehren /
    Sein Lob zu mehren.

Not. in primam cant. tract. 1.

Vtinam disrumperes cœlos & descenderes. Isa. 64. Et c. 45. Rorate cœli, &c. & nubes pluant iustum, aperiatur terra, & germinet Saluatorem, &c. Ros & pluuia, quæ de cœlo veniunt, Diuinitatem Christi, germen terræ ostendit Humanitatem: ita Concil. Hispal. can. 3. Desideratus cunctis gentibus: Aggæi. 2. desiderium cunctarum gentium, legit Rabbi Akiba: omnes gentes egebant Redemptore, id autem sua natura omnes appetunt, quo egent. vide Riber. in Aggæum. c. 2. &c.

Not. in 2. cant.

Propter hoc dabit Dominus ipse vobis signum: Ecce Virgo concipiet & pariet, & vocabitur nomen eius Emmanuel. Isa. 7. c. Si puella & non Virgo pariat, quale signum? &c. Spiritus Sanctus hoc loco non posuit Vethulah, quod Virginem sonat præcisè, sed hebraicè hhalmah: vel punicè Alma, ortum ex hhalmah: quod significat virginem absconditam, & virgini superaddit, quod à virorum congressu ita caueat, vt viris neque de facie nota, &c. Ita S. Hieron. Isa. 7. vid. Sanctium ibid.

Not. in 3. cant.

Ad Hebr. 10. S. Paulus carnem Christi confert cum illo velamine, &c. vibi S. Anselm. Carne Christi velabatur diuinitas eius, sicut velo velabatur Deus sedens super Cherubìm in Sancto Sanctorū, &c. Illud velamen erat ex hyacintho, purpura, coccoᶋ bis tincto, & bysso retorta, opere plu-
mario, &c. Exod. ‖ 26. Corpus Christi ex purpureo Deiparæ sanguine, pulcherrima membrorum varietate, &c. Si enim Psal. 138. Quodcunque corpus humanum (substantia mea in inferioribus terræ: hebraicè Ruchamti, à Racham, acu pingere instar phrygionum) teste Rabbi Dauid, comparatur cum opere phrygionico, ex neruis & venis velut tapetum, vt Campensis legit; instar vestis phrygionicæe, vt Pagninus: ex variis imaginibus con- textum, vt S. Hieron. in inferioribus terræ, id est, in vtero matris, &c. quam pulchrum fuerit corpus Christi?

Not. in 4. cant.

De Hieremia cum Iudæis apud AEgyptios exule, hæc S. Epiphanius in vita Hierem. Prophetæ sub finem. D. Thom. 2. 2dæ. q. 2. a. 7. ad 3. Inuenitur, ait, in historiis Romanorum, quod tempore Constantini, &c. inuentum fuit quoddam sepulchrum, in quo iacebat homo, auream laminam habens in pectore, in qua scriptum erat, Christus nascetur ex Virgine, & ego credo in eum. O Sol sub Helenæ & Constantini tem- poribus iterum[,] me videbis, &c.

De Sibyllis 10. earumᶋ vaticiniis vid. paradisum puerorum. parte 1. c. 1. §. 6. &c.

VOm Him-mel ein Eng-li-scher Bott

Schnell durch die Wol-cken dringt /

Schnell durch die Wol — cken dringt /

Er kompt ge-sandt vom höch-sten Gott /

Vnd gu - - te Zei - tung bringt /

Vnd gu - te Zei - tung bringt /

Vnd gu - te Zei - tung bringt.

[1.]

VOm Himmel ein Englischer Bott
    Schnell durch die Wolcken dringt /
    Schnell durch die Wolcken dringt /
Er kompt gesandt vom höchsten Gott /
    Vnd gute Zeitung bringt /
    Vnd gute Zeitung bringt /
    Vnd gute Zeitung bringt.

2.

Der Engel ein Ertzengel ist /
    Sein Nahm heist Gabriel /
    Sein Nahm heist Gabriel.
Bringt Zeitung daß der wahre Christ /
    Werd seyn Emmanuel /
    Werd seyn Emmanuel /
    Werd seyn Emmanuel.

3.

O Nazareth! Du edle Statt!
    Wol heistu Blumen Gart /
    Wol heistu Blumen Gart.
Der Bott in dir zu grüssen hat /
    Ein Jungfraw keusch vnd zart /
    Ein Jungfraw keusch vnd zart /
    Ein Jungfraw keusch vnd zart.

4.

Die Jungfraw zart Maria heist.
    Maria heist ein Stern:
    Maria heist ein Stern:
Erleucht hat sie der Heylig Geist /
    Jhr Tugendt glantzen fern /
    Jhr Tugendt glantzen fern /
    Jhr Tugend glantzen fern.

5.

Sih da: der Bott geht in das Hauß
Mit grossem Glantz vnd Schein /
Mit grossem Glantz vnd Schein /
Jetzt richt er seine Bottschafft auß /
Die Gott jhm geben ein /
Die Gott jhm geben ein /
Die Gott jhm geben ein.

6.

Er grůst die Jungfraw Gnaden voll /
Vnd daß Gott mit jhr sey /
Vnd daß Gott mit jhr sey.
Sie Gottes Sohn gebåren soll /
Der sie gebenedey /
Der sie gebenedey /
Der sie gebenedey.

7.

A8b

Die Jungfraw wird roth wie ein Roß /
Vnd sich verwundert sehr /
Vnd sich verwundert sehr /
Wie můglich sey das Wunder groß /
Bey Jungfråwlicher Ehr /
Bey Jungfråwlicher Ehr /
Bey Jungfråwlicher Ehr.

8.

Da gibt der Engel Antwort auff /
Wie das zu werde gehn /
Wie das zu werde gehn /
Ohn Mann: nit nach gemeinem Lauff /
Werd das von Gott geschehn /
Werd das von Gott geschehn /
Werd das von Gott geschehn.

9.

Die Jungfraw jhren Willen neigt /
    Glaubt was der Engel sagt /
    Glaubt was der Engel sagt /
Jn Demut sich gehorsam zeigt /
    Will seyn deß Herren Magdt /
    Will seyn deß Herren Magdt /
    Will seyn deß Herren Magdt.

10.

Da geht auff die Himlische Pfort /
    Herab kompt Gottes Sohn:
    Herab kompt Gottes Sohn:
Wird Mensch / wird Fleisch / das ewig Wort /
    Jn dieser Jungfraw schon /
    Jn dieser Jungfraw schon /
    Jn dieser Jungfraw schon.

Die drey grosse Wunder in der Welt.

WYn-der o Wun-der! Wun-der o Wun-der!

Vō hŏch-stē Thron / kompt Got-tes Sohn /

Wird Mensch vō Weib / im Jūg-fraw-Leib.

[1.]

WVnder o Wunder!
Wunder o Wunder!
Vō hŏchstē Thron /
Kompt Gottes Sohn /
Wird mensch vō Weib /
Jm JūgfrawLeib.

2.

Wunder o Wunder!
Wunder o Wunder!
Das hŏchste Gut /
Jn Fleisch vnd Blut /
Jst worden klein /
Ein Kindelein.

3.

Wunder o Wunder!
Wunder o Wunder!
    Dein Seel HErr Christ /
    Die erste ist:
    Vor dir kein mehr
    Die selig wehr.

A9b

4.

Wunder o Wunder!
Wunder o Wunder!
    Mariæ Schoß
    O Himmel groß!
    O Gottes Sal
    Jm Jammerthal.

5.

Wunder o Wunder!
Wunder o Wunder!
    Kein Mutter gleich /
    Jm Himmelreich.
    Gleich auch kein Kindt /
    Man irgendt findt.

6.

Wunder o Wunder!
Wunder o Wunder!
    O Mensch hie merck!
    All diese Werck /
    Sich finden da
    Jn Maria.

VOn Jes-se kompt ein Wur- - -tzel zart /
Dar-auß ein Zweig von wun- - -der Art /

Der   Zweig ein schö-nes Röß-le bringt /

Das   wun-der-lich vom Zweig ent-springt.

[1.]
VOn Jesse kompt ein Wurtzel zart /
Darauß ein Zweig von wunder Art /
Der Zweig ein schönes Rößle bringt /
Das wunderlich vom Zweig entspringt.

2.
Die Wurtzel der Stamm Dauids ist /
Maria du das Zweigle bist.
Dein Sohn die Blum / die schöne Roß
Jst GOtt vnnd Mensch in deinem Schoß.

3.
Der Heylig Geist von dir allein
Erschaffen hat das Kindle fein /
Gleich wie die Sonn durch jhre Krafft /   A10b
Allein vom Zweigle Rosen schafft.

4.

O Wunderwerck! auff einem Stiel
Stehn Rößlein vnd der Bletter viel.
O Wunderwerck! in Gottes Sohn
Sein zwo Naturen / ein Person.

5.

Roth ist die Roß / grůn ist das Blat /
Ein Zweigle gleichwol beyde hat:
Also man zwo Naturen findt
Vnd ein Person in diesem Kindt.

6.

O Zweig! dich ziert die schŏne Blum;
Die Roß dir bringt Lob / Ehr / vnnd Rhum:
Die Roß das Zweigle nit verstelt /
Dein Jungfrawschafft dein Kind erhelt.

DAs Heyl der Welt/ ein klei-nes Kind/

Man jetz -und hie auff Er-den find / [find/]

Qua - pro - pter cun — cti mor - ta - les

Hi - la - ri-ter, hi - la - ri-ter, hi - la - ri-ter,

hi - la - ri-ter. Con - iu - bi - le — mus.

[1.]
DAs Heyl der Welt / ein kleines Kind /
Man jetzund hie auff Erden find /
Quapropter cuncti mortales
Hilariter, hilariter, hilariter, hilariter.
Coniubilemus.

2.

Das Kind ist Gott vnd Mensch zugleich /
O Menschheit! o wie gnadenreich!
Quapropter cuncti mortales
Hilariter, hilariter, hilariter, hilariter.
Coniubilemus.

3.

O Menschheit! O du Gůldne Kist /
Der Schatz darin die Gottheit ist.
Quapropter cuncti mortales
Hilariter, hilariter, hilariter, hilariter.
Coniubilemus.

4.

A11b

Monstrantz O Menschheit! O Monstrantz /
Jn dir hastu die Gottheit gantz.
Quapropter cuncti mortales
Hilariter, hilariter, hilariter, hilariter.
Coniubilemus.

5.

O Sonn! in einer Wolcken schon /
Jn Fleisch vnd Blut O Gottes Sohn!
Quapropter cuncti mortales
Hilariter, hilariter, hilariter, hilariter.
Coniubilemus.

6.

O Roß im Knopff! O schŏne Roß!
Jn Fleisch vnd Blut O Gottheit groß!
Quapropter cuncti mortales
Hilariter, hilariter, hilariter, hilariter.
Coniubilemus.

7.

O *Agnes Dei* in Gold gefast!
Kind du in dir die Gottheit hast.
    Quapropter cuncti mortales
    Hilariter, hilariter, hilariter, hilariter.
    Coniubilemus.

8.

Gott ist der Menschheit einuerleibt /
Vnd ewig in der Menschheit bleibt.
    Quapropter cuncti mortales
    Hilariter, hilariter, hilariter, hilariter.
    Coniubilemus.

Not. in primam cant. tract. 2.

Ex Angelis quidam Deo assistunt, alij ministrant. hi ad homines ordinarij nuntij: illi raro S. Gregor. 17. moral c. 9. Assistentes D. Thomas primæ hierarch. censet esse. 1. p. q. 112. a. 3. administrantes cæteros.

Assistentes à Deo immediatè illuminantur, ab his in reliquos diuini fulgoris radius influit, ait S. Areopagita. de cœlesti hierarch. c. 8. Iam vero licet Gabriel non Seraphinus, vt quidā putant apud D. Thō. neque ex 1. hierarch. sed Archangelus fuerit, vt ait D. Thom. 3. p. q. 30. a. 2. ad 4. ipse tamen, vt hæc legatio fuit extraordinaria, ita extraordinariè, non ab angelo superiore, sed immediate illuminatus de hoc mysterio & instructus, ac missus fuit à Deo. S. Bernard super missus est. hom. 1.

Mittitur Gabriel, quod sonat Deus & homo, vt ait Proclus Episc. Cyzicenus. hom. quæ extat tom. 6. Concilij Ephes. c. 7. quia ille quē annunciabat Deus erat & homo. iuxta S. Hieron. à Gabar, fortitudo Dei, est Gabriel. quia, vt ait S. Gregor. hom. 34. in Euang. per Dei fortitudinem nuntiandus erat, qui virtutum Dominus, & potens in prælio ad debellandas potestates aërias veniebat, &c.

Venit humana effigie, ex aëre assumpto corpore, vt Deum incarnandum Angelus quasi incarnatus apparenti in corpore nuntiaret, &c. venit corpore coruscante, vt ait Augustin. serm. 14. de Nat. insolito fulgore vestitus, ait Laur. Iustinian serm. de annunt. veste clara, ait Albertus Magnus super missus &c. Legati enim pretiosa se induunt veste, cum Regem, ad quem missi, sunt allocuturi, &c.

Nazareth significat Florem. S. Hieron. de nom. heb. vnde in epistola *17. ad Marcellam. ait. ibimus ad Nazareth, iuxta nominis interpretat. Florem Galilææ, &c.*

Not. in 2. cant.

Humanitas Christi, ex hoc quod est vnita Deo, & beatitudo creata ex hoc quod est fruitio Dei, & B. Virgo ex hoc quod est mater Dei, habent quandam dignitatē infinitam ex bono infinito, quod est Deus: & ex hac parte non potest fieri melius iis, sicut non potest aliquid melius esse Deo. D. Thom. 1. part. q. 25 a. 6. ad 4.

Not. in cant. 3.

Egredietur Virga de radice Iesse, & flos de radice eius ascendet. Esa. 11. florem filium, & virgam intellige matrem. ait S. Bern. hom. 2. super missus est. Et S. Bonau. in speculo. c. 6. Maria est illa virga, & filius Mariæ est ille flos, &c. in hoc flore mira Spiritus sancti effluentia, de quo in omnem Ecclesiam mira influentia, &c. cum ergo de isto flore tanta gratia redundet in totum hortum, quanto magis in ipsam huius floris virgam, in virginem Mariam?

Vt flos oritur ex virga, ita Christus ex virgine. flos ortus virgam non corrumpit, sed ornat. Damasc. serm de Annunt. &c. Et S. Bern Serm. 1. de circumcis. Arbor vt fructum faciat, perdit florem, at Deiparæ fœcunditatis fructus sic accidit, vt non decideret flos virginitatis, &c.

[41] Vom Jahr / Monat / Tag vnnd
Stund / der Geburt Christi.

DAs ist das wah-re gül-den Jahr /

Jn dem Ma - ri - a Gott ge-bahr /

Læ - ta - - mi-ni in Do - - mi-no,

in hoc an - no au - - re - o.

[1.]

DAs ist das wahre gülden Jahr /
Jn dem Maria Gott gebahr /
Lætamini in Domino,
In hoc anno aureo.

2.

Christmonat da Gott Christum såndt /
Wird gülden Monat recht genåndt.
Lætamini in Domino,
In hoc anno aureo.

3. B1b

Wol gülden Christag heissen mag /
Deß Monats fünff vnd zwåntzigst Tag.
Lætamini in Domino,
In hoc anno aureo.

4.

Vnd Christnacht ist ein gůldne Nacht /
Die vns das gůlden Christkind bracht.
Lætamini in Domino,
In hoc anno aureo.

5.

O Himlisch Golt! o Gőttlich Kind!
Deßgleichen Gold man nirgend find.
Lætamini in Domino,
In hoc anno aureo.

6.

Die Goldgrub ist ein alter Stall /
Gold / Gottes Sohn / das best Metall.
Lætamini in Domino,
In hoc anno aureo.

7.

O gůldner Stall! o Goldgrub thewr!
O Goldreich! Gottreich gůldne Schewr!
Lætamini in Domino,
In hoc anno aureo.

8.

Nun geht / nun geht / jhr Armen geht /
Die Goldgrub allen offen steht.
Lætamini in Domino,
In hoc anno aureo.

MErckt wol / o merckt jr Chri-sten-leut

In hoc an - no. Was die-se Zeit

deß Jahrs be-deut / Hoc in an - no

gra-tu-le-mur, Ge-ni-tri-cem

ve-ne-re-mur, cor-dis iu-bi-lo.

Chri-stum na-tum ad--o-re-mus,

no-uo can-ti-co.

[1.]

MErckt wol / o merckt jr Christenleut
In hoc anno.
Was diese Zeit deß Jahrs bedeut /
Hoc in anno gratulemur,
Genitricem veneremur,
cordis iubilo.
Christum natum adoremus,
nouo cantico.

2.

Diß Jahrzeit bringt den Sonnenschein.
In hoc anno.
Die Sonn Mariæ Sôhnelein.
Hoc in anno gratulemur,   B2b
Genitricem veneremur,
cordis iubilo.
Christum natum adoremus,
nouo cantico.

3.

Gott ist nit von der Erden weit
In hoc anno.
Gleich wie die Sonn vmb Weynacht zeit.
Hoc in anno gratulemur,
Genitricem veneremur,
cordis iubilo.
Christum natum adoremus,
nouo cantico.

4.

Die Soñ jhr Liecht nach Christag mehrt
In hoc anno.
Wann Gott vns selbst erleucht vñ lehrt.
Hoc in anno gratulemur,
Genitricem veneremur,
cordis iubilo.
Christum natum adoremus,
nouo cantico.

5.

O güldne Soñ! Mensch Gottes Sohn
    In hoc anno.
Dein Gnad glantzt vber Soñ vnd Mon
    Hoc in anno gratulemur,
    Genitricem veneremur,
      cordis iubilo.
    Christum natum adoremus,
      nouo cantico.

6.

O Sonn! erleucht vns gantz vnd gantz /
    In hoc anno.
Mit deinem grossen Schein vnd Glantz /
    Hoc in anno gratulemur,
    Genitricem veneremur,
      cordis iubilo.
    Christum natum adoremus,
      nouo cantico.

Schaw Christ / wie Christus hab ver-acht

Die Welt / der Welt Gut / Ehr vñ pracht /

O Gott mein Lieb! O Gott mein Lieb!

O Ar-mut! O De-mut! O Gott mein Lieb.

[1.]
Schaw Christ / wie Christus hab veracht
Die Welt / der Welt Gut / Ehr vñ pracht /
    O Gott mein Lieb! O Gott mein Lieb!
    O Armut! O Demut! O Gott mein Lieb.

2.
Vom Himmel kam er auff die Welt /
Nichts mit sich bracht / noch Gut / noch Gelt.
    O Gott mein Lieb! O Gott mein Lieb!
    O Armut! O Demut! O Gott mein Lieb.

3.   B3b
Er ließ die Statt Jerusalem /
Vnd kam zum Ståttle Bethlehem.
    O Gott mein Lieb! O Gott mein Lieb!
    O Armut! O Demut! O Gott mein Lieb.

4.

Zu Bethlehem hat er kein Hauß /
Must hin zum Stall zur Statt hinauß.
    O Gott mein Lieb! O Gott mein Lieb!
    O Armut! O Demut! O Gott mein Lieb.

5.

Der Stall stund auff / vnd ohne Thůr /
War Lŏcher voll / kein Fenster fůr.
    O Gott mein Lieb! O Gott mein Lieb!
    O Armut! O Demut! O Gott mein Lieb.

6.

Der Wind vnd Schnee schlug vberall /
Der Schnee bedeckt den gantzen Stall /
    O Gott mein Lieb! O Gott mein Lieb!
    O Armut! O Demut! O Gott mein Lieb.

7.

Hie Gottes Sohn im Winter saß /
Kein Fewr war da / vnd alles naß.
    O Gott mein Lieb! O Gott mein Lieb!
    O Armut! O Demut! O Gott mein Lieb.

8.

Ein Krip stund da / ein hartes Bredt /
Das war sein Wieg vnd Kinderbeth.
    O Gott mein Lieb! O Gott mein Lieb!
    O Armut! O Demut! O Gott mein Lieb.

9.

B4a

Voll Stroh die Krip / voll Mist vnnd Wust /
Da Gottes Sohn auff ligen must.
    O Gott mein Lieb! O Gott mein Lieb!
    O Armut! O Demut! O Gott mein Lieb.

10.

Das Kind so kalt erbårmlich arm /
Ein Ochs vnd Esel hauchten warm.
  O Gott mein Lieb! O Gott mein Lieb!
  O Armut! O Demut! O Gott mein Lieb.

11.

So bald das Vieh den Athem spart /
Schwartz wurd von kålt das Kindle zart.
  O Gott mein Lieb! O Gott mein Lieb!
  O Armut! O Demut! O Gott mein Lieb.

12.

Auß seinen Augen fielen Weiß
Wie Berl / sein Thrån / gefroren Eiß.
  O Gott mein Lieb! O Gott mein Lieb!
  O Armut! O Demut! O Gott mein Lieb.

13.

O Christ thu auff das Hertze dein /
Schließ ein vnd wårm das Kindelein.
  O Gott mein Lieb! O Gott mein Lieb!
  O Armut! O Demut! O Gott mein Lieb.

Als Got-tes Sohn vom Him-mel kam /

Vnd sei - - ne Mensch-heit an sich nam /

Gott Vat - ter jhn der gan - tzen Welt /

Durch Wun-der-werck vor Au - gen stelt.

Sit Tri - ni - ta - ti Glo - ri - a,

In sem - pi - ter - na sæ - cu - la. [-la.]

[1.]

ALs Gottes Sohn vom Hiṁel kam /
Vnd seine Menschheit an sich nam /
Gott Vatter jhn der gantzen Welt /
Durch Wunderwerck vor Augen stelt.
   Sit Trinitati Gloria,
   In sempiterna sæcula.

2.

Zu Rom bey *Ara Cœli* nah /
Ein gůldne Wolck der Keyser sah /
Darin zu sehn ein Jungfraw schon /
Auff jrē Schoß Mensch Gottes Sohn.
  Sit Trinitati Gloria,
  In sempiterna sæcula.

3.

Die Spannier am Himmel sehn /
Zu hauff in ein drey Sonnen gehn.
Gleich wie Gott Mēsch ein Kindlein war
Auß Gott: Leib: Seel: drey Sonnen klar.
  Sit Trinitati Gloria,
  In sempiterna sæcula.

4.

Jm JůdenLand / im Winter hart /
Engaddi blůht der Balsamgart.
Weil Gottes Sohn die schône Roß
Auffgangen in Mariæ Schoß.
  Sit Trinitati Gloria,
  In sempiterna sæcula.

5.

Zu Rom in dem gefreyten Hauß /
Floß ôl auß einem Brunnen auß.
Der Bruñ zeigt Christum vñ sein Blut /
O Gnadenbrunn! ôl kôstlich Gut.
  Sit Trinitati Gloria,
  In sempiterna sæcula.

[6.]

Vom Himmel kam ein Engelschar / *(3b)*
Vom Feld sand Gott die Hirten dar /
Auß Morgenland drey Kônig fern /
Die fůhrt zum Kônig ein newer Stern.
  Sit Trinitati gloria,
  In sempiterna sæcula.

[7.]

Dem Vieh im Stal zu Bethlehem /
Den Menschen zu Jerusalem /
Dem Priester vnd der Prophetin /
Gab Gott auch diß Geheymnuß in.
Sit Trinitati gloria,
In sempiterna sæcula.

[8.]

Jetzt ist die Sonn gestiegen auff /
Den Erdkraiß vmb vnd vmb gelauff /
Jetzt ist daß Kind durch alle Land /
Der gantzen Welt nah / wol bekant.
Sit Trinitati gloria,
In sempiterna sæcula.

Lesarten von K

Ü: Ein newes Gesang von etlichen mirackln vnd wunderzeichen / so vmb die
wunderbare Geburt Christi geschehen / in selbiger Melodey zu singen.

(1,1) von

(1,2) vnser Menscheit

(1,3–4) Durch wunderwerck / der gantzen welt /
Gott Vatter jhn vor augen stelt /

(2,1–3) Zu Rom / im Lufft / vor allem Volck /
Der Keyser sicht ein güldne Wolck /
Jn dieser Wolck / ein Jungfraw schon /

(3,1–2) Am Himmel hoch die Spanger sehn /
Drey Sonn / in ein / zusammen gehn /

(3,3) Mensch geboren war /

(4,3) Him̄lisch Roß /

(5,3) Blůt /

(5,4) gůt.

SO bald das Kind ge-bo-ren war/

Viel En-gel sei-ner pfleg----ten.

Jn Schoß den Sohn / die Son-ne klar/

Der rei-nen Mut-ter leg----ten.

[1.]

Eh Gottes Sohn geboren werd /   (4a)
Die Engel jhr Hend langen /
Bedecken mit die blose Erd /
Daß Kind darein empfangen.

[1.]

SO bald das Kind geboren war /   B5b
Viel Engel seiner pflegten.
Jn Schoß den Sohn / die Sonne klar /
Der reinen Mutter legten.

2.

Ein Engel lieff vnd Wasser schöpfft
Mit Engelischen Hånden.
Das wunderlich herausser tröpfft /
Jm Stall auß Maur vñ Wånden.

3.

Die Engel alle flogen zu /
Ein jeder kam geladen /
Jst keiner der nichts bringen thu /
Was dient das Kind zu baden.

4.

Es waren da der Engel viel /
Vnd alle frölich sungen.
Mit Music vnd mit Seytenspiel /
All durcheinander klungen.

5.

Erfrew / erfrew dich Jungfraw rein /
Erfrewe dich von Hertzen /
Daß du das Göttlich Kindelein /
Geboren hast ohn Schmertzen.

6.

Frew dich daß du den Jungfrawkrantz /
Das Kleynod nicht verlohren /
Gleich wie die Sonn ohn Rauch gibt Glantz /
So hastu Gott geboren.

7.

Frew dich daß Gott auff Wunderweiß
Erschafft in deinen Brüsten /
Himlische Milch / Göttliche Speiß /
So deinem Kind gelüsten.

[9.]

Von dieser Milch laß meinen Mund   *(4b)*
Ein tröpfle nur geniessen /
O Kind auß deines hertzen Wund   *(5a)*
Laß auch ein tröpfle fliessen.

Lesarten von K

Ü: Von andern fünff wundern / so vor / in vnd nach der Geburt Christi sich begeben / ein newes Lobgesang.

Melodie

(I 7) - *b*

(I 8, II 10) - jeweils pkt. Halbe, vor der darauffolgenden Note zwei 4tel-Pausen

(III 1 ff.) - keine Wdh.

(III 6–9) - pkt. Halbe + 4tel (nicht ligiert) + Halbe + 4tel, danach zwei 4tel-Pausen

Text

(2,4) auß allen wenden.

(3,1) Die ander Engel flogen

(3,3) thů /

(4,1) Der Engeln war vnsåglich viel /

(4,2) Dem Kind sie frölich

(7,3) Ein Himlisch Milch vnd Göttlich speiß /

Sunt notæ 4. mundi ætates, &c. Argentea, fuit ætas innocentiæ. Ferrea post hanc, qua ferrei vixere homines diluuio absorpti Ænea fuit à Mose ad Christum, &c.

Ætas verè Aurea, qua ex fodina preciosissimi auri aurum copiosissimum in omnes ætates inuectū est, Christus natus. ex hac ætate Aurea, aurum gratiæ & meritorum ad omnes homines, quicunque in orbe post Adami casum, auri aliquid habuere, promanauit. Ita Barrad. tom. 1. l. 8. c. 16.

Pij maiores Decembrem à Christo dixere Christmonat. *ait* Canis. *in notis in* Euang. Dom. *primæ* Aduentus.

Natus. 8. Calend. Ianuarij. vt ait August. l. 4. de Trin. c. 5. *nocte Dominica, vt quo die dixit. fiat lux, &c. eiusdem diei nocte oriretur in tenebris lumen rectis corde. ait* Rupert. lib. 3. de diuin. officiis, cap. 16.

Not. in 2. cant.

Conceptus est Christus æquinoctio verno, & natus Solstitio hyberno. S. Augustin. serm. 18. die Natalitiis. *Hoc tempore Sol in infimum cœli punctum deuenit, Sol iustitiæ Christus in stabulum.* Barrad. tom. 1. l. 8 c. 10 *In hac die minui tenebræ incipiunt, mysterium natura exponit.* Nyssenus orat. de Natiuitate.

Not. in 3. cant.

Tota vita Christi in terris, disciplina morū fuit, S. Augustin. l. de vera religione c. 16. *Iam clamat* ‖ *exemplo, quod prædicaturus est verbo*   B7a S. Bern. serm. 1. de Nat. *quid stabulum elegit? planè vt reprobet gloriam mundi, &c.* S. Bernar. serm 3. de Nat. *propter nos egenus factus est, cum esset diues.* 2. ad Cor. 8. *Vide dignationem non in Ierusalem ciuitate regia, sed in Bethlehem, quæ minima est, nascitur.* S. Bern. serm. 1 in vigil. Nat. *Ab Ierusalem 2. leucis contra austrum in angusto dorso sita est Bethlehem, ex omni parte vallibus circundato, in cuius orientali angulo quoddam naturale semiantrum est, natiuitatis locus.* Beda lib. de locis sanctis, c. 8.

Hìc præsepe fuit ligneum, ait Baron. tom. 1. annalium, *pro quo argenteum fuisse positum, ait* Chrysost. *in medio duorum animalium.* Abacuc. 3. *quod picturis, quæ sunt laicorum libri, repræsentatur, ait* historiæ Magister.

Nunquid credimus casu factum, vt in tanta aëris inclementia, &c. nasceretur, cuius est hyems & æstas? S. Bern. serm. 3. de Nat. *Et cum esset tanta necessitas, nullam audio pellium fieri mentionem. ibid. putat* S Bonauent. l. de vita Christi c. 7. *velo capitis sui B. V. puerum inuoluisse. de lacrymis ait* S. Ambros. in Luc. *mea lacrymæ illæ delicta lauerunt. Et* S. Bern. serm. 3. de Nat. *Lacrymæ Christi, mihi & pudorem pariunt & dolorem.*

Not. in 4. cant.

Est credibile in aliis partibus mundi, aliqua indicia Natiuitatis Christi apparuisse. D. Thom. 3. p. q 36 a. 3. De Virgine in nube scribit S. Antonin. p. 1. hist. c. 6. §. 10. de tribus solibus S. Bonau. l. de 5. ‖ festiuit. B7b *pueri Iesu. de vineis Enggaddi, Abulensis in prolog. D. Hieron. in c. 7. Genes. &c De oleo ex fonte, Eusebius in chronico, anno 42. Augusti, &c. Oraculum Pythij cessasse. Niceph. lib. 1. c. 17.*

Not. in 5. cant.

Infantem, cum primum ex vtero prodiit, angelorum manibus fuisse **exceptum, & in brachiis Deiparæ collocatum.** *Suarez in 3. p. q. 35. disp. 13. sect. 3.* **Corpus vt Sol, &c. nox facta, sicut meridies.** *S. Vincent. serm. de Nat. Fontem miraculosè ex muro speluncæ: Beda l. de locis sanctis, c. 8. vnde non tam vberum lacte, vt meditat. S. Bonauent. l. de vita Christi, c. 7. quam aqua credimus ablutum.*

Stabulum visum est cœlum, *Epiphan. orat. de Virg. Deipara, &c.* **tunc etiam ordines Angelorum circumstabant virginem, cum clamore dicentes, Gloria in excelsis,** *&c.*

Vbi voluptas partum non antecessit, neque dolor subsecutus est, Gregor. Nyss. Orat. de resurrect. Ecce nullius seminis incremento, de intacta ac **rudi terra fœcundum germen ascendit,** *&c. ita* **Christus de Virgine.** *Gregor. Arelat. hom. 2.* **Viro lactabat vbere de cœlo pleno.** *S. Vincent. supra.*

VOm Him-mel kompt/ O En-gel kompt/

E - ia, E - ia, Su-sa-ni, Su-sa-ni, Su su su,

Kompt singt vn̄ klingt / kōpt pfeifft vn̄ trombt

Al - le - - lu - ia / Al - le - - lu - ia.

Von Je - - su singt vnd Ma - - ri - a.

[1.]

VOm Himmel kompt / O Engel kompt /
Eia, Eia,
Susani, Susani, Su su su,
Kompt singt vn̄ klingt / kōpt pfeifft vn̄ trombt
Alleluia / Alleluia.
Von Jesu singt vnd Maria.

2.

Kompt ohne *instrumenta* nit /
Eia, Eia,
Susani, Susani, Su su su,
Bringt Lauten / Harpffen / Geygen mit.
Alleluia / Alleluia.
Von Jesu singt vnd Maria.

3. B8b

Last hôren ewrer Stimmen viel /
Eia, Eia,
Susani, Susani, Su su su,
Mit Orgel vnd mit Seytenspiel.
Alleluia / Alleluia.
Von Jesu singt vnd Maria.

4.

Hie muß die Music himlisch sein /
Eia, Eia,
Susani, Susani, Su su su,
Weil diß ein Himlisch Kindelein.
Alleluia / Alleluia.
Von Jesu singt vnd Maria.

5.

Die stimen müssen lieblich gehn /
Eia, Eia,
Susani, Susani, Su su su,
Vnd Tag vnd Nacht nit stille stehn /
Alleluia / Alleluia.
Von Jesu singt vnd Maria.

6.

Sehr süß muß sein der Orgel klang /
Eia, Eia,
Susani, Susani, Su su su,
Süß vber allen Vogelsang /
Alleluia / Alleluia.
Von Jesu singt vnd Maria.

7.

Das Seytenspiel muß lauten sůß /
Eia, Eia,
Susani, Susani, Su su su,
Dauon das Kindlein schlaffen můß /
Alleluia / Alleluia.
Von Jesu singt vnd Maria.

8.

Singt Fried den Menschē weit vñ breit /
Eia, Eia,
Susani, Susani, Su su su,
Gott Preiß vñ Ehr in Ewigkeit /
Alleluia / Alleluia.
Von Jesu singt vnd Maria.

Chorus. Als ich bey meinnen Schaffen wacht /
Echo. Als ich bey meinnen Schaffen wacht /
Chorus. Ein Engel mir die Bottschafft bracht /
Echo. Ein Engel mir die Bottschafft bracht /
Chorus. Das bin ich froh / bin ich froh / froh / froh / froh /
Echo. o / o / o /
Chorus. Be-ne-di-ca-mus Do-mi-no.
Echo. Be-ne-di-ca-mus Do-mi-no.

[1.]

Chorus. ALs ich bey meinen Schaffen wacht /
Echo. Als ich bey meinen Schaffen wacht /
Chorus. Ein Engel mir die Bottschafft bracht /
Echo. Ein Engel mir die Bottschafft bracht /
Chorus. Das bin ich froh /
Echo. Bin ich froh /
Chorus. Froh / froh / froh /
Echo. O / o / o /
Chorus. Benedicamus Domino.
Echo. Benedicamus Domino.

2.

Er sagt es sol geboren sein /
Er sagt es sol geboren sein /
Zu Bet[h]lehem ein Kindelein /
Zu Bethlehem ein Kindelein /
　　Das bin ich froh /
　　Bin ich froh /
　　Froh / froh / froh /
　　O / o / o /
Benedicamus Domino.
Benedicamus Domino.

3.

Er sagt das Kind leg da im Stall /
Er sagt das Kind leg da im Stall /
Vnd sol die Welt erlösen all /
Vnd sol die Welt erlösen all /
　　Das bin ich froh /
　　Bin ich froh /
　　Froh / froh / froh /
　　O / o / o /
Benedicamus Domino.
Benedicamus Domino.

4.

Als ich das Kind im Stall gesehn /
Als ich das Kind im Stall gesehn /
Nicht wol könt ich von dannen gehn /
Nicht wol könt ich von dannen gehn /
　　Das bin ich froh /
　　Bin ich froh /
　　Froh / froh / froh /
　　O / o / o /
Benedicamus Domino.
Benedicamus Domino.

5.

Daß Kind zu mir sein äuglein wand /
Daß Kind zu mir sein äuglein wand /
Mein Hertz gab ich in seine Hand /
Mein Hertz gab ich in seine Hand /
    Das bin ich froh /
    Bin ich froh /
    Froh / froh / froh /
    O / o / o /
    Benedicamus Domino.
    Benedicamus Domino.

6.

Demütig küst ich seine Füß /
Demütig küst ich seine Füß /
Dauon mein Mund wurd Zuckersüß /
Dauon mein Mund wurd Zuckersüß /
    Das bin ich froh /
    Bin ich froh /
    Froh / froh / froh /
    O / o / o /
    Benedicamus Domino.
    Benedicamus Domino.

7.

Als ich heim gieng das Kind wolt mit /
Als ich heim gieng das Kind wolt mit /
Vnd wolt von mir abweichen nit /
Vnd wolt von mir abweichen nit /
    Das bin ich froh /
    Bin ich froh /
    Froh / froh / froh /
    O / o / o /
    Benedicamus Domino.
    Benedicamus Domino.

8.

Das Kind legt sich in meine Brust /
Das Kind legt sich in meine Brust /
Vnd macht mir da all Hertzenlust /
Vnd macht mir da all Hertzenlust /
    Das bin ich froh /
    Bin ich froh /
    Froh / froh / froh /
    O / o / o /
    Benedicamus Domino.
    Benedicamus Domino.

9.

Den Schatz muß ich bewahren wol /
Den Schatz muß ich bewahren wol /
So bleibt mein hertz der Frewden voll /
So bleibt mein hertz der Frewden voll /
    Das bin ich froh /
    Bin ich froh /
    Froh / froh / froh /
    O / o / o /
    Benedicamus Domino.
    Benedicamus Domino.

Lesarten von K

Ü: Ein Christlied oder *Echo* der Hirten oder Schåffern.

Melodie
Tonlage: eine Oktave höher notiert
(vor III 1) - keine Pause
(III 1) - Halbe
(III 10, IV 3) - jeweils 4tel
(IV 4 u. 7) - jeweils 8tel
(IV 9) - Halbe

Text

(1 ff.) *Die Bezeichnung* Chorus *fehlt durchgehend*

(1,3.4) mir gůt zeittung

(3,1) Daß Kind das leg in einem Stall /

(4,1.4) Als ich zum Stall hin kommen binn /

(4,3.4) Daß Kind fund ich gewicklet eyn /

(5,1) Augen

(6,3) ward

(8,1) Es legt sich selbst in

ES führt drey König Got-tes hand /

Mit ei-nem Stern auß Mor-gen-landt /

Zum Christ-kind / durch Je-ru-sa-lem /

Jn ei-nen Stall nach Beth-le-hem /

Gott führ vns auch zu die-sem Kind /

Vnd mach auß vns sein Hoff-ge-sind.

[1.]
ES führt drey König Gottes hand /
Mit einem Stern auß Morgenlandt /
Zum Christkind / durch Jerusalem /
Jn einen Stall nach Bethlehem /
  Gott führ vns auch zu diesem Kind /
  Vnd mach auß vns sein Hoffgesind.

Die Kônig waren Weißheit vol /　　　　　　　*(42b)*
Jm Himmelslauff erfahren wol /
Vnd gleich als brûder alle drey /
Sich gaben in ein Compagney /
　　Gott samble Côlln / durch deine krafft /
　　Jn diese jhre Brûderschafft.

2.　　　　　　　　　　　　　　　　　B10b

Der Stern war groß / vñ wunder schon /
Jm Stern ein Kind mit einer Kron /
Ein gûlden Creutz sein Scepter war /
Vnd alles wie die Sonne klar /
　　O Gott erleucht vom Himmel fern
　　Die gantze Welt mit diesem Stern.

3.

Auß Morgenlandt in aller eyl /
Kaum dreyzehn Tag viel hundert Meyl /
Berg auff / Berg ab / durch Reiff vnnd Schnee
Gott suchten sie durch Meer vnd See.
　　Zu dir o Gott kein Pilgerfahrt /
　　Noch Weg noch Steg laß werden hart.

4.

Herodes sie kein Vhr / noch Stundt /
Jn seinem Hoff auffhalten kundt /
Deß Kônigs Hoff sie lassen stehn /
Geschwind / geschwind zur Krippē gehn.
　　Gott laß vns auch nit halten ab
　　Vō guten Weg bis zu dem Grab.

5.　　　　　　　　　　　　　　　　　B11a

So bald sie kamen zu dem Stall /
Auff jhre Knie sie fielen all /
Dem Kind sie brachten alle drey /
Gold: Weyrauch: Myrrhen / Specerey.
　　O Gott nim̄ auch von vns fûr gut /
　　Hertz / Leib vnd Seel / Gut / Ehr vñ Blut.

6.

Mit Weyrauch / vnd gebognem Knie /
Erkanten sie die Gottheit hie:
Mit Myrrhen seine Menschheit bloß /
Vnd mit dem Gold ein Kônig groß.
    O Gott halt vns bey dieser Lehr /
    Kein Ketzerey laß wachsen mehr.

7.

Maria hieß sie wilkom sein /
Legt jhn jhr Kind ins Hertz hinein /
Das war jhr Zehrung auff dem Weg /
Vnd frey Geleit durch Weg vnd Steg.
    Gott geb vns auch das Hiṁelbrod /
    Am letsten Zug / zur letsten Noth.

[9.]

Mit solchem Zehrgelt wol versehn /   *(43b)*
Zum Vatterland sie frôlich gehn /
Jhr zehrung daß süß Kindle war /
Jhr frey geleit ein Engelschar /
    Gott geb vns auch am letzten zug /
    Die zehrung / vn̄ solch Schûtzen gnůg.

[10.]

Danck Gott O Côlln / du edle Stadt /
Der dir die Kônig geben hat /
Dich krônen sie vnd zieren fein /
Vnd werden dein Patronen seyn /
    Gott / dir sey danck / lob / preiß vnd ehr /
    Durch sie steht Côlln in wahrer lehr.

Lesarten von K

Ü: Von den heiligen drey Königen / ein newes Gesang.

M e l o d i e
Mensurzeichen: Tripla (ohne tempus imperfectum diminutum)
(I 8, II 8, IV 8, V 8,) - jeweils pkt. Halbe, vor der darauffolgenden Note zwei
4tel-Pausen
(II 3) - c'

T e x t
(1,1) Drey König führt die Göttlich Hand
(1,4) einem
(3,5-6) Gott laß vns auch nit werden hart /
      Kein Kyrchengang noch Römerfahrt /
(4,1) Herodes nit ein halbe stund /
(4,2) Hoff sie halten
(4,3) Jerusalem sie
(4,4) Vnd eylends fort zur
(5,3-4) Da Schätz herauß vnd Kisten auff /
      Gold / weyrauch / myrr mit gätzem hauff /
(5,5) auch an vnser gůt /
(5,6) blůt /
(6,4) Mit rothem Gold ein
(6,5) Gott halt vns auch bey diesem sinn /
(6,6) laß schleichen in /
(7,3-6) Daß trůg sie im Hertzen mit /
      Kein ander Schätz begerten nit /
        O Jungfraw rein / du Göttlich Thron /
        Vns auch ins Hertz leg deinen Sohn /

JHr Kin-der von Je-ru-sa-lem /

Læ - te - tur con - ci - - o,

Kompt frö-lich ab nach Beth-le-hem /

Læ-te-tur cho-rus ho - - -di - e,

Læ-te-tur pu-e-ro-rum cho-rus ho-di - e,

Can-ti-co-rum can-ti-cis læ - ti - ti - æ.

[1.]

IHr Kinder von Jerusalem /
Lætetur concio,
Kompt frölich ab nach Bethlehem /
Lætetur chorus hodie,
Lætetur puerorum chorus hodie,
Canticorum canticis lætitiæ.

2.

Kompt zū Triumph / die Wieg last stehn /
Lætetur concio,
Zum Triumphwagen mŭst jhr gehn.
Lætetur chorus hodie,
Lætetur puerorum chorus hodie,
Canticorum canticis lætitiæ.

3.   B12a

Wolauff; Herodes ist zu Pferd /
Lætetur concio,
Ein Ritterspiel jhr spielen werd /
Lætetur chorus hodie,
Lætetur puerorum chorus hodie,
Canticorum canticis lætitiæ.

[3.]

Herodes euch den Palmzweyg bringt /   *(34b)*
Lætetur concio,
Fŏrcht nit / weil er ins Harnisch springt /
Lætetur chorus hodie,
Lætetur puerorum chorus hodie,
Canticorum canticis lætitiæ.

[4.]

Er spielt mit euch ein Ritterspiel /
Lætetur concio,
Euch all jung Ritter machen wil /
Lætetur chorus hodie,
Lætetur puerorum chorus hodie,
Canticorum canticis lætitiæ.

4.   *B12a*

Zu diesem Spiel seydt wolgemuth /
Lætetur concio,
Es wird euch bringen Ehr vnd Gut /
Lætetur chorus hodie,
Lætetur puerorum chorus hodie,
Canticorum canticis lætitiæ.

Der Goldschmid macht von rothem gold   *(34b*
   Lætetur concio,
Viel Kleynod / so jhr haben solt /
   Lætetur chorus hodie,
   Lætetur puerorum chorus hodie,
   Canticorum canticis lætitiæ.

7

Der Marter zweyg / das palmen reiß /
   Lætetur concio,
Kompt frisch vnd grün vom Paradeiß /
   Lætetur chorus hodie,
   Lætetur puerorum chorus hodie,
   Canticorum canticis lætitiæ.

Vom Himmel kompt die Marter Kron /   *(35a*
   Lætetur concio,
Vnd Triumphwagen wunder schon /
   Lætetur chorus hodie,
   Lætetur puerorum chorus hodie,
   Canticorum canticis lætitiæ.

5.   *B12*

Herodes kompt / jhr Kinder auff /
   Lætetur concio,
Auff / auff / zu Feldt mit vollem hauff.
   Lætetur chorus hodie,
   Lætetur puerorum chorus hodie,
   Canticorum canticis lætitiæ.

6.

Die Wieg last stehn / last stehn die Wieg /
   Lætetur concio,
Auff / auff zur Wehr; auff / auff / zum Sieg.
   Lætetur chorus hodie,
   Lætetur puerorum chorus hodie,
   Canticorum canticis lætitiæ.

7.

Die Marter Kron wart auff euch schon /
Lætetur concio,
Auff zum Triumph: auff / auff zur Kron.
Lætetur chorus hodie,
Lætetur puerorum chorus hodie,
Canticorum canticis lætitiæ.

[11.]

Heut werd jhr Hiṁlisch Ritter seyn /   *(35a)*
Lætetur concio,
Zum Himmel triumphieren eyn.
Lætetur chorus hodie,
Lætetur puerorum chorus hodie,
Canticorum canticis lætitiæ.

Lesarten von K

Ü: Von den vnschůldigen Kindern ein newes Lied / auff den Thon / Ein Kind
   geboren zu Bethlehem *Lætetur*, wie oben am 15. blat.
(4,1) wol gemůt /
(4,3) Es allen bringt groß ehr vnd gůt.
(5,3) Zur krō / zů palm / mit gantzem hauff /
(6,1) stehn / stehn wo sie steht /
(6,3) Durch Spieß zum Triumphwagen geht /

Not. in primam cant. tract. 4. B12b

Ex Luc. 2. &c. Angeli, vt nos ad laudem conditoris accenderent, orta per carnem luce, clamarunt Gloria in excelsis DEO. Ita S. Gregor. in c. 38. Iob.

Not. in 2. cant.

Ex Lucæ 2. &c. Pastoribus apparet Angelus propter simplicitatem & innocentiam morum. Theophylact. hic.

Et humiliter natus Dominus humilibus, non superbis indicatur. S. Ambros. serm. 9. & Pastores, dum seruant oues, inuenerunt agnum: S. Hieron. epistol. 27.

Not. in 3. cant.

Ecce Magi ab Oriente venerunt Hierosolymam. Matth. 2. duo magiæ fastigia, alterum infame immundorum spirituum commerciis: alterum, naturalis philosophiæ apex. Cælius l. 9. lect. antiq. c. 23. posterioris generis fuere hi tres. Sapientes, nobilitate generis & opibus insignes. ait Niceph. l. 1. c. 13. Magis vestis candida, lectus humus, esca olus, panisq́ cibaribus. Aristot. in Magico & Sotion.

Stellam D. Maximus vocat Caligantis mundi oculum. à Chrysost. hom. 6. Et ab auctore imperfecti operis. hom. 2. vt est in versu 2. depingitur.

Iter 13. dierum fuisse. vide Suarez tom. 2. in 3. p. disp. 14. sect. 3. Quilibet obtulit tria dona in maxima quantitate; ait S. Bonau. l. de vita Christi c. 9. Et tu, da exiguum ei, à quo multum habes: Nazian. orat. 16. Thus, Aurum, Myrrham, regiq́, || hominiq́ Deoq́ dona ferunt. S. Hieron. Matth. 2. ex Iuuenco. C1a

Per aliam viam reuersi sunt. Reuersio per aliam viam, morum significat correctionem. S. Hieron. ad Furiam.

Not. in 4. cant.

Sicut in pueris baptizatis per gratiam baptismalem, meritum Christi operatur ad gloriam obtinendam, ita in occisis propter Christum, meritum Martyrij operatur ad palmam Martyrij consequendam. D. Thom. 2. 2dæ. q. 124. a. 1.

Christus non dispexit suos milites, sed prouexit, quibus dedit ante triumphare, quam viuere S. Chrysol. serm. 3. de innoc. Verè isti sunt gratiæ Martyres, confitentur tacentes, nescientes pugnant, vincunt inscij, moriuntur inconscij, ignari palmas tollunt, coronas rapiunt ignorantes S. Chrysol. serm. 4.

Christus hoc ordinauit, vt per Herodis inuidiam furiosam pueri mortem susciperent preciosam. S. Fulgent. serm. de Epiphan. Ætas necdum habilis ad pugnam, idonea extitit ad coronam. S. Cyprian. epistol. 56. ad Thibaritanos. Nunquam Herodes beatis paruulis tantum prodesse potuisset obsequio, quantum profuit odio. S. Aug. serm. 3.

NVn singt vnd klingt / jetzt ist es zeit /

Est pu - er na - tus ho - di - e,

Danckt Gott in al -- le E --wig - keit /

pro re - o --rum cri -- mi - ne,

ho --di - e, ho -- di - e,

na - tus est rex glo --- ri - æ.

[1.]
NVn singt vnd klingt / jetzt ist es zeit /
Est puer natus hodie,
Danckt Gott in alle Ewigkeit /
Pro reorum crimine,
Hodie, hodie,
Natus est rex gloriæ.

2.

Heut Gottes Sohn vom Himmelreich /
Est puer natus hodie,
Geboren ist vns Menschen gleich.
Pro reorum crimine,
Hodie, hodie,
Natus est rex gloriæ.

3.

Sein Gottheit in der Menschheit rein /
Est puer natus hodie,
Wie Perl in Goldt gefasset ein.
Pro reorum crimine,
Hodie, hodie,
Natus est rex gloriæ.

4.

Bekleidt ist Gott das höchste Gut /
Est puer natus hodie,
Das Kleid ist vnser Fleisch vnd Blut /
Pro reorum crimine,
Hodie, hodie,
Natus est rex gloriæ.

5.

Die Gottheit vberzuckert ist /
Est puer natus hodie,
Der Zucker du O Menschheit bist /
Pro reorum crimine,
Hodie, hodie,
Natus est rex gloriæ.

6.

O reicher Schatz in schlechtem Sack /
Est puer natus hodie,
Himlische Wahr in diesem Pack /
Pro reorum crimine,
Hodie, hodie,
Natus est rex gloriæ.

7.

O Menschheit! O Sack voller Gelt /
Est puer natus hodie,
Da Christus vmb kaufft alle Welt /
Pro reorum crimine,
Hodie, hodie,
Natus est rex gloriæ.

8.

Das wird am Creutz er schütten dar /
Est puer natus hodie,
Den Himmel mit bezahlen bar /
Pro reorum crimine,
Hodie, hodie,
Natus est rex gloriæ.

9.

Bezahlen wird er Adams Schuld /
Est puer natus hodie,
Vns werben Gottes Gnad vnd huld /
Pro reorum crimine,
Hodie, hodie,
Natus est rex gloriæ.

10.

Darumb sagt jhm mit allem Fleiß /
Est puer natus hodie,
Jn Ewigkeit Lob / Ehr vnd Preiß /
Pro reorum crimine,
Hodie, hodie,
Natus est rex gloriæ.

Lesarten von K

Ü: Ein ander Gottselig newes Lobgesang / von der Geburt Jesu Christi Gottes Sohn.

Melodie

Tonlage: eine Quinte höher notiert
Mensurzeichen: Tripla (ohne tempus imperfectum diminutum) nach den beiden
             Anfangspausen
(I 10, II 8) - jeweils pkt. Halbe, vor der darauffolgenden Note zwei 4tel-Pausen
(II 7) - f
(nach II 8, III 8, IV 7, V 3, V 6) - jeweils einfacher Abteilungsstrich
(III 4 u. 5) - pkt. Halbe + pkt. Halbe
(IV 5-6) - 4tel g + 8tel f + 8tel e + 4tel f
(V 1 ff.) - keine Wdh.

Text

(2,1) von
(4,1) gůt /
(4,3) Blůt /
(5,3) du sůß
(6,3) O Hiṁlisch Wahr
(8,1) wird er am Creutz
(9,3) Vnd werben vns die Gőttlich huld /
(10,1) O danckt / vnd sagt dem lob vnd preiß /
(10,3) Der vns thewr kaufft daß Paradeiß.

[1.]

O Lieb wie groß! wie groß O Lieb wie groß /
All Gut gibt vns gibt vns die Lieb in Schoß /

Amor, amor, amor, amor, amor, amor,
O Lieb / o Lieb / o Lieb / o Lieb / o Lieb / o Lieb /
Amor, amor, amor,
O Lieb / o Lieb / o Lieb /
Ô quantus est amor.
Wie groß / wie groß o Lieb.

2.

Das Gut ist Gott / das höchste Gut /
Gott Mensch: Gott Sohn: in Fleisch vnd Blut.

Amor, amor, amor, amor, amor, amor,
O Lieb / o Lieb / o Lieb / o Lieb / o Lieb / o Lieb /
Amor, amor, amor,
O Lieb / o Lieb / o Lieb /
Ô quantus est amor.
Wie groß / wie groß o Lieb.

3.

O Kind! o Gut! o Gottes Sohn!
Voll Lust / voll Frewd / voll Hertzenwohn!

Amor, amor, amor, amor, amor, amor,
O Lieb / o Lieb / o Lieb / o Lieb / o Lieb / o Lieb /
Amor, amor, amor,
O Lieb / o Lieb / o Lieb /
Ô quantus est amor.
Wie groß / wie groß o Lieb.

4.

Mit dir o Kind! o Schatz in dir /
All Gut / all Gnad empfangen wir.

Amor, amor, amor, amor, amor, amor,
O Lieb / o Lieb / o Lieb / o Lieb / o Lieb / o Lieb /
Amor, amor, amor,
O Lieb / o Lieb / o Lieb /
Ô quantus est amor.
Wie groß / wie groß o Lieb.

5.

Den Sohn gibt Gott zum Creutz vnnd Todt /
Auff daß er vns helff auß der Noth.

Amor, amor, amor, amor, amor, amor,
O Lieb / o Lieb / o Lieb / o Lieb / o Lieb / o Lieb /
Amor, amor, amor,
O Lieb / o Lieb / o Lieb /
Ô quantus est amor.
Wie groß / wie groß o Lieb.

6.

Die Lieb o Mensch / die Lieb bedenck /
Vnd auch Gott dich von hertzen schenck.

Amor, amor, amor, amor, amor, amor,
O Lieb / o Lieb / o Lieb / o Lieb / o Lieb / o Lieb /
Amor, amor, amor,
O Lieb / o Lieb / o Lieb /
Ô quantus est amor.
Wie groß / wie groß o Lieb.

MEnsch Got - tes Sohn ge - bo - ren ist /

qui re-gna-bat sur-sum, Vnd ligt im Stall / in Stanck vñ Mist /

qui re - gna - bat sur - sum, sur - sum

Pa - ti - tur de - or - sum, vt nos tra-hat sur - sum.

Pa - ti - tur de - or - sum, vt nos tra-hat sur - sum.

[1.]

MEnsch Gottes Sohn geboren ist /
Qui regnabat sursum,
Vnd ligt im Stall / in Stanck vñ Mist /
Qui regnabat sursum, sursum,
Patitur deorsum, vt nos trahat sursum,
Patitur deorsum, vt nos trahat sursum.

2.

Sein Gottheit ist von Ewigkeit /
Qui regnabat sursum,
Sein Menschheit von gewisser Zeit.
Qui regnabat sursum, sursum,
Patitur deorsum, vt nos trahat sursum,
Patitur deorsum, vt nos trahat sursum.

Jst wahrer Gott / als Gottes Sohn / (23b)
Qui regnabat sursum,
Mensch / als Mariæ Sôhnlein schon /
Qui regnabat sursum, sursum,
Patitur deorsum, vt nos trahat sursum,
Patitur deorsum, vt nos trahat sursum.

[4.]

Sein Gottheit helt die Gôttlich art /
Qui regnabat sursum,
Die Menschlich art / sein Menscheit zart /
Qui regnabat sursum, sursum,
Patitur deorsum, vt nos trahat sursum,
Patitur deorsum, vt nos trahat sursum.

[5.]

Als Gott / wohnt er in Gottes Saal /
Qui regnabat sursum,
Als Mensch in diesem jamerthal /
Qui regnabat sursum, sursum,
Patitur deorsum, vt nos trahat sursum,
Patitur deorsum, vt nos trahat sursum.

3. C4a

Als Gott sitzt er auff Gottes Schoß /
Qui regnabat sursum,
Als Mensch ligt er im Kriple bloß.
Qui regnabat sursum, sursum,
Patitur deorsum, vt nos trahat sursum,
Patitur deorsum, vt nos trahat sursum.

[7.]

Als Gott ehrt jhn die Hiṁlisch schar / (24a)
Qui regnabat sursum,
Als Mensch der Welt kaum offenbar /
Qui regnabat sursum, sursum,
Patitur deorsum, vt nos trahat sursum,
Patitur deorsum, vt nos trahat sursum.

4.

All Ding als Gott jhm müglich sein /
Qui regnabat sursum,
Als Mensch ist er ein Kindle klein /
Qui regnabat sursum, sursum,
Patitur deorsum, vt nos trahat sursum,
Patitur deorsum, vt nos trahat sursum.

5.

Von jhm als Gott / all Weißheit geht /
Qui regnabat sursum,
Als Mensch man nichts vom Kind versteht /
Qui regnabat sursum, sursum,
Patitur deorsum, vt nos trahat sursum,
Patitur deorsum, vt nos trahat sursum.

6.

Als Gott / was lebt er leben macht /
Qui regnabat sursum,
Als Mensch der Tod auff jhnen wacht /
Qui regnabat sursum, sursum,
Patitur deorsum, vt nos trahat sursum,
Patitur deorsum, vt nos trahat sursum.

[11.]

Daß ewig Wort / der Gottheit nach /
Qui regnabat sursum,
Als Mensch ein Kind ist sonder sprach /
Qui regnabat sursum, sursum,
Patitur deorsum, vt nos trahat sursum,
Patitur deorsum, vt nos trahat sursum.

(24a)

7.

Als Gott hat er all Gut vnd Gelt /
Qui regnabat sursum,
Als Mensch nichts auff der weiten Welt /
Qui regnabat sursum, sursum,
Patitur deorsum, vt nos trahat sursum,
Patitur deorsum, vt nos trahat sursum.

8.

Die Gottheit ligt verborgen gantz /
Qui regnabat sursum,
Das Fleisch vnnd Blut bedeckt den Glantz /
Qui regnabat sursum, sursum,
Patitur deorsum, vt nos trahat sursum,
Patitur deorsum, vt nos trahat sursum.

Lesarten von K

Ü: Ein schônes newes Lied von Christi Natur vnd eygenschafft / zu Weynachts
zeiten zu singen.

Melodie
Mensurzeichen: Tripla (ohne tempus imperfectum diminutum)
(nach II 6) - drei 4tel-Pausen
(nach III 8) - kein Abteilungsstrich
(IV 1–12) - kein Mensurwechsel, 6. und 12. Note jeweils pkt. Halbe
(vor V 1) - Mensurzeichen: tempus imperfectum diminutum
(V 3) - anstelle einer Note eine 4tel-Pause, notiert zwischen der *b*- und der g-Linie
(V 7) - 4tel
(nach V 8) - 4tel-Pause
(V 9) - Halbe
(V 11) - Ganze

Text
(1,3) im standk
(3,3) Kripgen
(4,1) Als Gott jhm all ding môglich seyn /
(4,3) Als Mensch schwach scheint das Kindelein /
(5,1) Als Gott / auß jhm all *(10,1)*
(5,3) Mensch / vom Kind / man nichts *(10,3)*
(8,3) Die Menscheit deckt all diesen glantz /

[I:] O Kind! o wah-rer Got-tes Sohn!

O Krip! o Sa - lo - mo - - nis Thron!

[II:] O Stall! o schö-nes Pa - ra-deiß!

O Stroh! wie Ro - -sen roth vnd weiß /

[I:]Kin-de-lein im Stall/[II:]mach vns se-lig all /

[I.u.II:]Kin - de - lein im Stroh / mach vns froh.

[1.]

Chorus I.   O Jesulein / O Gottes Sohn /   (26b)
             Ein Kripp vol stro / ist das dein Thron?
Chorus II.   Ein Stall / dein Hoff / dein Hoffgesind /
             Der Esel vnd daß plompe Rind   (27a)
Chorus I.   Kindelein im Stall /
Chorus II.   Mach vns selig all:
Totus Chorus.   Kindelein im Stro /
                 Mach vns fro.

[1.]

O Kind! o wahrer Gottes Sohn!
O Krip! o Salomonis Thron!
O Stall! o schönes Paradeiß!
O Stroh! wie Rosen roth vnd weiß /
    Kindelein im Stall /
    Mach vns selig all /
    Kindelein im Stroh /
    Mach vns froh.

2.

O Kind! du bist von Wunder art /
Dein Antlitz wie ein Rosengart /
Schön weiß vnd roth / wie Milch vñ blut /
Dein Farb erfrischt vns Hertz vñ Muth.
    Kindelein im Stall /
    Mach vns selig all /
    Kindelein im Stroh /
    Mach vns froh.

3.

C5a

Dein Haupt ist Gold / vnnd krauß dein Har /
Die Lefftzen roth / die Augen klar /
Schön alles vom Haupt auff die Füß /
Vnd alles vber Zucker süß.
    Kindelein im Stall /
    Mach vns selig all /
    Kindelein im Stroh /
    Mach vns froh.

4.

Dein Leib schneeweiß wie Elffenbein /
Da Sapphir eingefasset sein.
Die Sapphir deine Gottheit groß /
Das Elffenbein die Menschheit bloß.
    Kindelein im Stall /
    Mach vns selig all /
    Kindelein im Stroh /
    Mach vns froh.

5.

Dein Hånd sein Hiacinten vol /
Die riechen in dermassen wol.
O Kind! wie schőn! du glantzest Mehr /
Als wenn im Stall die Sonne wehr.
    Kindelein im Stall /
    Mach vns selig all /
    Kindelein im Stroh /
    Mach vns froh.

[7.]

Dein kleine Beyn sein starcke Beyn /   *(27b)*
Wie Seulen von roth Marmolstein:
Sie tragen Gott / der alle Welt
Auff seinem kleinen Finger helt /
    Kindelein im Stall /
    Mach vns selig all:
    Kindelein im Stro /
    Mach vns fro.

[8.]

O Kind / wie schőn / du glantzes[t] mehr /
Als wann im Stall die Sonne wehr:
Du reuchs so wol / im Himmelreich /
Jst deinem rauch kein rauchwerck gleich /
    Kindelein im Stall /
    Mach vns selig all:
    Kindelein im Stro /
    Mach vns fro.

[9.]

Der heilig Geist dein Athem ist /
Vol eines solchen Balsams bist:
Kein Apoteck / kein Specerey /   *(28a)*
Die mit dir zu vergleichen sey /
    Kindelein im Stall /
    Mach vns selig all:
    Kindelein im Stro /
    Mach vns fro.

6.

Dein Gottheit ligt in deiner Brust /
Vnd von sich gibt all Hertzenlust.
Jst grösser Frewd im Himmel nicht /
Als schawen dein klar Angesicht.
    Kindelein im Stall /
    Mach vns selig all /
    Kindelein im Stroh /
    Mach vns froh.

[11.]

O wer mein Hertz ein solcher Stall /
Nichts wünschen wol[t] ich vberall:
Mein Hertz mit diesem Kindelein /
Sol bald ein wahrer Himmel seyn /
    Kindelein im Stall /
    Mach vns selig all:
    Kindelein im Stro /
    Mach vns fro.

(28a)

Lesarten von K

Ü: Von gestalt vnd schönheit des Christkinds ein newes Lied.

Melodie
Tonlage: eine Sekunde höher notiert
Mensurzeichen: Tripla (ohne tempus imperfectum diminutum)
(vor I 1) - nur eine 4tel-Pause
(vor II 1, IIII 1, IV 1) - jeweils 4tel-Pause
(II 7–9) - 8tel + 8tel + 4tel
(IV 7–9) - 8tel + 8tel + 4tel
(nach IV 9, V 10) - jeweils kein Abteilungsstrich

Text
(1,1) du wahrer
(1,2) du Salomonis
(1,3) du schönes
(2,2) Angesicht ein
(2,3) blůt /
(2,4) můt /
(3,1) gold / krauß ist
(3,2) Dein Lefftzen ... dein Augen
(4,2) ingefasset
(4,3) Sapphir seyn dein *(5,4)*
(5,3–4) Die Hiacinten gnaden seyn /
           Die wachsen auß den Henden dein /
(6,3) grosser

IN dul - ci iu - bi - lo,

Nun sin - get vnd seyd froh /

Vn - - sers Her - - tzen Won - - ne /

Ligt in præ - se - - pi - o,

Leuch - tet als die Son - ne /

Ma - tris in gre - - mi - o,

Kind Al - - pha es & O,

Mach vns von Her - tzen froh.

[1.]

IN dulci iubilo,
Nun singet vnd seyd froh /
 Vnsers Hertzen Wonne /
Ligt *in præsepio,*
 Leuchtet als die Sonne /
Matris in gremio,
  Kind *Alpha es & O,*
  Mach vns von Hertzen froh.

2. C6a

O Iesu paruule,
Nach dir ist mir so weh /
 Trôst mir mein Gemûthe /
Tu puer optime,
 Durch alle deine Gûte /
O princeps gloriæ,
  Ach *trahe me post te,*
  So geht hin all mein Weh.

3.

O Jesu was ist das?
O Lieb! *ô Charitas!*
 Wir waren all verdorben
Per nostra crimina,
 Nun hastu vns erworben
Cœlorum gaudia.
  Quas tibi gratias?
  O summa Charitas!

4. C6b

Vbi sunt gaudia?
Nirgendt mehr denn da:
 Da die Engel singen
Noua cantica,
 Da die Schellen klingen
Super æthera.
  Eia weren wir da /
  Eia weren wir da.

5.

Hie helff o Fraw *Fides!*
Vnd jhr o Jungfraw *Spes,*
   Charitas mach offen /
Quæ cœli clauis es,
   Gib was wir da hoffen /
Diuina soboles,
     Zu diesen *gaudia,*
     Hilff Jungfraw *Maria.*

O Je-su-lein zart / O Je-su-lein zart /
Das Krip-lein ist hart / Wie lig-stu so hart /

Ach schlaff / ach thu die åu åu gelein zu /
Schlaff vnd gib vns die e ewige Ruh /

O Je--su-lein zart / O Je-su-lein zart /
Wie lig-stu so hart /

Das Krip-lein ist hart.

[1.]

O Jesulein zart /
Das Kriplein ist hart /
O Jesulein zart /
Wie ligstu so hart /
Ach schlaff / ach thu die åugelein zu /
Schlaff vnd gib vns die ewige Ruh /
O Jesulein zart /
Wie ligstu so hart /
O Jesulein zart /
Das Kriplein ist hart.

2.   C7b

Schlaff Jesulein wol /
Nichts hinderen sol /
Ochs / Esel vnd Schaff /
Sein alle entschlaff.
Schlaff Kind / schlaff thu die åugelein zu /
Schlaff vnd gib vns die ewige Ruh /
Ochs / Esel vnd Schaff /
Sein alle entschlaff.
Nichts hinderen sol /
Schlaff Jesulein wol.

3.

Dir Seraphin singt /
Vnd Cherubin klingt /
Viel Engel im Stall /
Die wiegen dich all /
Schlaff Kind / schlaff thu die åugelein zu /
Schlaff vnd gib vns die ewige Ruh /
Dir Seraphin singt /
Vnd Cherubin klingt /
Viel Engel im Stall /
Die wiegen dich all.

4.

C8a

Schweig Eselein still /
Das Kind schlaffen wil.
Ey öchsle schweig still /
Das Kind schlaffen wil.
Schlaff Kind / schlaff thu die åugelein zu /
Schlaff vnd gib vns die ewige Ruh /
Schweig Eselein still /
Das Kind schlaffen wil.
Ey öchsle schweig still /
Das Kind schlaffen will.

5.

Alleluia.
Alleluia.
Alleluia.
Alleluia.
Alle Alle Alleluia.
Alle Alle Alleluia.
Alleluia.
Alleluia.
Alleluia.
Alleluia.

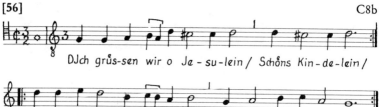

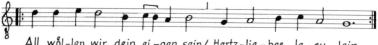

DJch grüs-sen wir o Je-su-lein / Schöns Kin-de-lein /

All wöl-len wir dein ei-gen sein/ Hertz-lie-bes Je-su-lein.

[1.]

DJch grüssen wir o Jesulein /
Schöns Kindelein /
All wöllen wir dein eigen sein /
Hertzliebes Jesulein.

2.

Wie klein bistu! o Gott wie groß!
Kleins Kindelein.
Wie klein in deiner Mutter Schoß?
O grosses Jesulein!

3.

Wie schwach bistu? auff dieser Welt?
Starcks Jesulein!
Dein Stårck die gantze Welt erhelt /
O schwaches Kindelein.

4.   C9a

Wie arm bistu in diesem Stall /
Reichs Jesulein /
Mach reich / mach reich vns Kinder all /
O armes Kindelein.

5.

O Sonn! o Sonn! wo ist dein Glantz?
Feins Jesulein?
Verborgen ist dein Klarheit gantz /
O feines Jesulein!

6.

Wie ligstu da so gar veracht?
  Liebs Jesulein?
Hiezu dich dein Lieb gebracht /
  Liebreiches Jesulein.

7.

Wie groß dein Lieb? o Fewr! o Flam!
  O Jesulein!
Ein Fewr das von dem Himmel kam /
  Bistu o Jesulein.

8.

C9b

O Himlisch Fewr! zůnd an / zůnd an /
  O Jesulein!
Zůnd an / was dich nur lieben kan /
  O Fewr! o Jesulein!

9.

So brennen wir die Seraphim /
  O Jesulein!
Vnd preysen dich mit heller Stim /
  Jesu o Jesulein!

O kleines Kindelein!	1. *Chor.*
O grosses Jesulein!	2. *Chor.*
O schwaches Kindelein.	1. *Chor.*
O starckes Jesule[i]n!	2. *Chor.*
O armes Kindelein	1. *Chor.*
O reiches Jesulein /	2. *Chor.*
O feines Jesulein!	1. *Chor.*
Hertzliebes Jesulein.	2. *Chor.*
Jesu o Jesulein.	*Totus.*

LAst vns das Kind-lein wie--gen /

Das Hertz zum Krip-lein bie - - - gen /

Last vns dem Kind-lein nei - - -gen /

Jhm Ehr vnd Dienst er - zei - - -gen /

O Je-su-lein süß! O Je-su-lein süß !

[1.]
LAst vns das Kindlein wiegen /
Das Hertz zum Kriplein biegen /
Last vns dem Kindlein neigen /
Jhm Ehr vnd Dienst erzeigen /
O Jesulein süß! O Jesulein süß!

2.
Last vns das Kindlein grůssen /
Jm fallen last zu Fůssen.
Laß vns das Kindlein preisen /
Jhm alle Dienst erweisen.
O Jesulein süß! O Jesulein süß!

3.

Last bey dem Kindlein wachen /
Vnd tausent Frewden machen /
 Last hertzlich jubiliren /
 Vnd frölich triumphiren /
  O Jesulein süß! O Jesulein süß!

4.

Last vns dem Kindlein singen /
Mit süssen Stimmen klingen /
 Last hören die Klaretten /
 Posaunen vnd Trompetten.
  O Jesulein süß! O Jesulein süß!

5.

Last alle Music kommen!
Mit Pfeiffen vnd mit Trommen.
 Das singen vnd das schallen /
 Dem Kindlein wird gefallen.
  O Jesulein süß! O Jesulein süß!

Not. *in primam cant. tract. 5.* C11b
In similitudinem hominum factus ad Philip. 2.

Diuinitas & humanitas, sicut venter eburneus intertextus Sapphyris.
Pet. Damian. serm. 1. de excellentiis Iois.

Habitu inuentus vt homo. ad Philip 2.

Diuinitas in humanitate, sicut cynnamomum Saccharo perfusum; Gregor. Mastrilli. discursu in illud: Stabat Mater Iesu, &c.

Sacco pecuniis pleno comparat. S. Aug. serm. vlt. de temp. dicens, Non tibi vilescat, quod ait Saccus, ibi enim erat pretium tuū, &c. Sarcinæ pretiosis plenæ mercibus comparat. Albertin. im WeltTummel.

Peccato Adami non existente, incarnatio non fuisset, quamuis potentia Dei ad hoc non limitetur. D. Th. 3. p. q. 1. a. 3. Tunc (in cruce) conscisso sacco, pecuniam, quæ latebat, in pretium nostræ redemptionis effudit. S. Bern. serm. 1. de Nat. Bonum aurum est Sanguis Christi, diues ad pretium. S. Ambros præf. Psal. 35. Vna guttula propter vnionē ad VERBVM, ‖ *pro redemptione totius mundi sufficeret. Clemens Papa in* C12a *extrau. Vnigen[it]us. de pœnis & remiss.*

Ecce mittitur Filius Virginis, Filius Dei altissimi, iubetur occidi, vt vulneribus meis pretioso Sanguinis illius balsamo medeatur, &c. S. Bern. serm 3 de Nat.

Not. *in 2. cant.*

Dilexit nos Deus, dulciter, sapienter, fortiter.

Dulciter, quia carnem induit; sapienter, quia culpam vitauit; fortiter quia mortem sustinuit: S. Bernard. serm. 20. in cant.

Si pigri eramus ad amandum, non simus pigri ad redamandum. S. Aug. tract. 7. in epist. Ioan &c.

Not. *in 3. cant.*

Respicis cunas Christi? vide pariter cœlum[.] vagientem in præsepio intueris infantem? sed angelos simul ausculta laudantes. Herodes persequitur? sed adorant Magi. ignorant Pharisæi? stella demonstrat. S. Hier. in c. 3. epistol. ad ephes.

Saluator induit se laterna quadam; vt enim lucerna in laterna latens, ex luce, quam emittit foras, agnoscitur, sic VERBVM carne tectum, luce miraculorum agnoscebatur S Bern. serm. 1. de Aduentu.

Vt Alcibiades in dialogo Platonis de amore, Philosophum confert Sileno. Sileni erant imaguncula sectiles, ita factæ, vt diduci & explicari possent, clausæ cōtemptibilem formam habebant, apertæ subito Numen ostendebant, &c. Ita Deus in carne, &c. Rosæ in bacca non absimilis: cui Iustum comparat Nazian. orat. 28.

Ohe I A M satis est, ohe libelle.

240

Alte Catholische
Geistliche Kyrchen =
gesång/ auff die fůrneṁste
Feste/ Auch in Processionen/
Creutzgången vnd Kyrchenfåhrten:
bey der H. Meß/ Predig/ in Håusern/
vnd auff dem Feld zugebrauchen/
sehr nůtzlich/ sampt einem
Catechismo.
Auß Befelch
Des Hochwůrdigen Fůr =
sten vnd Herrn/ Herrn Eberhar =
ten Bischoffen zu Speir/ vñ Prob =
sten zu Weissenburg/ 2c. in diese
ordnung gestellt.
Gedruckt zu Cŏlln/
Durch Arnold Quentel.

Anno M. DC. XXI.
Mit Rŏm. Keys. May. G. vnd Freyheit.

Lieder 58K–60K

Gesang von der gnadenreichen
zeit der Geburt Christi / auff die
Melodey / *Puer natus in Beth-*
lehem, wie am 36. blat.

[1.]

DJß ist das wahre gůlden Jar /
Jn dem Maria Gott gebar /
Lætamini in Domino,
In hoc anno aureo.

[2.]

Jn diesem Jar jhr Menschen find /
Ein Him̄lisch Gold / ein Gŏttlich Kind /
Lætamini in Domino,
In hoc anno aureo.

[3.]

Die Goldgrůb ist ein alter Stall /
Gold / Gottes Sohn / das best Metall /
Lætamini in Domino,
In hoc anno aureo.

[4.]

O gůlden Stall / O Goldgrůb thewr /
O Goldreich / Gottreich / gůldne schewr /
Lætamini in Domino,
In hoc anno aureo.

[5.]

Diß Jarzeit bringt den Sonnenschein /
Die Sonn Mariæ Sŏhnelein /
Lætamini in Domino,
In hoc anno aureo.

[6.]

Gott ist nit von der Erden weit /
Gleich wie die Soñ vmb Weynachtzeit /
Lætamini in Domino,
In hoc anno aureo.

[7.]
Die Sonn jhr Liecht nach Christag mehrt /
Wann Gott vns selbst erleucht vñ lehrt /
Lætamini in Domino,
In hoc anno aureo.

[8.]
O gůldē Soñ / Mensch Gottes Sohn /
Wie Gold / dein Gnad / glantzt herrlich schon /
Lætamini in Domino,
In hoc anno aureo.

[9.]
Christmonat / da Gott Christum send /
Wird Gůldenmonat recht genent /
Lætamini in Domino,
In hoc anno aureo.

[10.]
Diß Monats fůnff vñ zwentzigst tag /
Wol gůlden Christag heissen mag /
Lætamini in Domino,
In hoc anno aureo.

[11.]
Vnd Christnacht ist ein gůlden nacht /　　　22b
Die vns daß gůlden Christkind bracht /
Lætamini in Domino,
In hoc anno aureo.

[12.]
O gůlden Jar / O Gold im Stall /
Daß gůlden Kind / macht gůlden all /
Lætamini in Domino,
In hoc anno aureo.

[13.]
Ein Kripp stund da / ein hartes bret /
Daß war sein Wieg vnd Kinderbeth /
Lætamini in Domino,
In hoc anno aureo.

[14.]

Die Kripp war vol stro / mist vñ wůst /
Da Gottes Sohn auff schlaffen můst /
Lætamini in Domino,
In hoc anno aureo.

[15.]

Daß hew vnd stro war voller spiß /
Daß stro das stoch / daß hew das biß /
Lætamini in Domino,
In hoc anno aureo.

[16.]

Daß Kind so kalt vnd bårmlich arm /
Ein Ochß vnd Esel hauchten warm /
Lætamini in Domino,
In hoc anno aureo.

[17.]

Der Athem gab ein solchen stanck /
Daß Kind wurd warm / doch halber kranck /
Lætamini in Domino,
In hoc anno aureo.

[18.]

So bald daß Vieh den Athem spart /
Schwartz wurd von kålt daß kindle zart /
Lætamini in Domino,
In hoc anno aureo.

Ein newes Gesang von der ar=
mut Christi in seiner Geburt / im
selbigen thon zu singen.

[1.]

LVst / reichthumb / pracht vnd eytel ehr /
Von Christo Christ / verachten lehr.
O Gott mein Lieb / O Gott mein Lieb /
O Armůt / O Demůt / O Gott mein Lieb.

[2.]

Vom H[i]mmel kam er auff die Welt /
Nichts mit sich bracht noch gůt / noch gelt[.]
O Gott mein Lieb / O Gott mein Lieb /
O Armůt / O Demůt / O Gott mein Lieb.

[3.]

Er ließ die Stadt Jerusalem /
Vnd kam zum Stådtgen Bethlehem.
O Gott mein Lieb / O Gott mein Lieb /
O Armůt / O Demůt / O Gott mein Lieb.

[4.]

Zu Bethlehem hat er kein Hauß /
Můst hin zum Stall / zur Stadt hinauß.
O Gott mein Lieb / O Gott mein Lieb /
O Armůt / O Demůt / O Gott mein Lieb.

[5.]

Der Stall stund auff vñ sonder thůr /
War lôcher vol / kein fenster fůr.
O Gott mein Lieb / O Gott mein Lieb /
O Armůt / O Demůt / O Gott mein Lieb.

[6.]

Der Wind vñ Schnee schlůg vberall /
Der Schnee bedeckt den gantzen Stall.
O Gott mein Lieb / O Gott mein Lieb /
O Armůt / O Demůt / O Gott mein Lieb.

[7.]

Hie Gottes Sohn im Winter saß /
Kein Fewr war da / vnd alles naß.
O Gott mein Lieb / O Gott mein Lieb /
O Armût / O Demût / O Gott mein Lieb.

[8.]

Sein Hendger blaw / sein Fûßger steiff /
Von grosser kelt vnd hartem reiff.
O Gott mein Lieb / O Gott mein Lieb /
O Armût / O Demût / O Gott mein Lieb.

13b

[9.]

Auß seinen Augen fielen weiß /
Wie Perl / sein Thrån / gefroren eyß /
O Gott mein Lieb / O Gott mein Lieb /
O Armût / O Demût / O Gott mein Lieb.

[10.]

Maria sucht was helffen kund /
Kein Deck / kein Tûch / kein Windel fund.
O Gott mein Lieb / O Gott mein Lieb /
O Armût / O Demût / O Gott mein Lieb.

[11.]

Vom Haupt nam sie jhr eigen Weyl /
Schlug vmb daß Kind in aller eyl.
O Gott mein Lieb / O Gott mein Lieb /
O Armût / O Demût / O Gott mein Lieb.

[12.]

O Christ thû auff daß Hertze dein /
Schließ ein / vnd werm daß Kindelein.
O Gott mein Lieb / O Gott mein Lieb /
O Armût / O Demût / O Gott mein Lieb.

Von vereinigung Göttlicher
vnd Menschlicher Natur in Christo
von seiner gnadenreicher Geburt
vnd Empfengnuß.

Der Men-schen hayl / ein klei - - - nes Kind /
Jn ei - nem Stall jhr li - - - - gen find /

Daß Kin - de - lein ist Got - tes Sohn /
Vns füh - ren wil zu sei - nem Thron /

Qua - pro -pter cun - cti mor - ta - - les,

Hi - la - ri-ter, hi - la - ri-ter, hi - la - ri-ter,

Hi - la - ri - ter, con - iu - bi - le - mus.

[1.]
Der Menschen heyl / ein kleines Kind /
Jn einem Stall jhr ligen find /
Daß Kindelein ist Gottes Sohn /
Vns führen wil zu seinem Thron /
Quapropter cuncti mortales,
Hilariter, hilariter, hilariter, hilariter,
Coniubilemus.

25a

[2.]
Sein Můtter ist ein Jungfraw zart /
Daß Kindelein von wunder art /
Ein kleines Kind das alle Welt
Auff seinem kleinen Finger helt /
Quapropter cuncti mortales,
Hilariter, hilariter, hilariter, hilariter,
Coniubilemus.

[3.]
Daß Kind ist Gott vnd Mensch zugleich /
O Menscheit / O wie gnadenreich /
Die Gottheit auß der Menscheit blitzt /
Gleich wie die Soñ durch Wolckē glitzt /
Quapropter cuncti mortales,
Hilariter, hilariter, hilariter, hilariter,
Coniubilemus.

[4.]
O schőne Roß im Rosen quast /
O *Agnus* DEI in gold gefast /
Die Gottheit in der Menscheit ist /
Wie Heilthumb in der Heilthumbskist /   25b
Quapropter cuncti mortales,
Hilariter, hilariter, hilariter, hilariter,
Coniubilemus.

[5.]
Kein Rosenbaum im Paradeiß /
Auff einem stock trågt roth vnd weiß:
Jn diesem Kind seynd zwo Natur /
Der Schőpffer vnd die Creatur /
Quapropter cuncti mortales,
Hilariter, hilariter, hilariter, hilariter,
Coniubilemus.

[6.]

Ein Wurtzel ist / der zweyglein zwey /
Vnd tragen Rosen zweyerley:
Also auch in Mariæ Sohn /
Sein zwo Natur vnd ein Person /
Quapropter cuncti mortales,
Hilariter, hilariter, hilariter, hilariter,
Coniubilemus.

[7.]

Die Wurtzel ist so voller safft /
Gibt beyden zweyglein jhre krafft:
Auch die Person hat solche sterck /
Macht Göttlich / Christi Menschlich werck /
Quapropter cuncti mortales,
Hilariter, hilariter, hilariter, hilariter,
Coniubilemus.

[8.]

Daß Göttlich Kind / ohn Mann / sein Leib /
Empfangen hat von keuschem Weib:
Gleich wie vom stock ein schöne Roß /
Ohn menschen hand wåchst selber groß /
Quapropter cuncti mortales,
Hilariter, hilariter, hilariter, hilariter,
Coniubilemus.

[9.]

Der heiliger Geist mit seinem taw /
Daß Kind erschuff auß diser Jungfraw /
Gleich wie die Sonn mit jhrem schein /
Die Rosen schafft vom stock allein /   26a
Quapropter cuncti mortales,
Hilariter, hilariter, hilariter, hilariter,
Coniubilemus.

[10.]
Ey wunder ding: in einer Nacht /
Aronis Rûth frisch Blûmen bracht:
Jm augenblick diß Gôttlich Kind /
Sein Gottheit in der Menscheit find /
Quapropter cuncti mortales,
Hilariter, hilariter, hilariter, hilariter,
Coniubilemus.

[11.]
Sein Mûtter alles gleich empfieng
Gott / Leib vnd Seel / drey kôstlich ding:
Jm augenblick das hôchste gût /
Verborgen wurd in vnser blût /
Quapropter cuncti mortales,
Hilariter, hilariter, hilariter, hilariter,
Coniubilemus.

[12.]
Jn Spangen zu derselben zeit /
Drey Sonn am Himmel glantzten weit:
Auß drey wurd bald ein Sonn allein /
Auß Gott / Leib / Seel / diß Kindelein /
Quapropter cuncti mortales,
Hilariter, hilariter, hilariter, hilariter,
Coniubilemus.

[13.]
Die Sonn bracht nie kein Nacht ins Land /
Noch finsternuß vom Himmel sand /
Diß Gôttlich Kind lâst frisch vnd gantz /
Der Mûtter jhren Jungfraw Krantz /
Quapropter cuncti mortales,
Hilariter, hilariter, hilariter, hilariter,
Coniubilemus.

[14.]
Die Sonn gibt liecht / vnd raucht doch nicht /
Das keinem liecht noch fewr geschicht /
Maria Jungfraw blieben ist /
Vnd hat geboren Jesum Christ /   26b
Quapropter cuncti mortales,
Hilariter, hilariter, hilariter, hilariter,
Coniubilemus.

[15.]
Ey frewet euch all Land / all Leut /
Weil vns das Kind geboren heut /
O gůlden Tag / O gůlden Jar /
Kein Tag / kein Jar nie besser war /
Quapropter cuncti mortales,
Hilariter, hilariter, hilariter, hilariter,
Coniubilemus.

Anhang

a1   Reimgedicht „*Eh du gehst in dein Bett hinein*"
       X Blatt A2a–A3a

a2   Lied „*O Lilgen schneeweiß*"
       GB Brachel ⟨Köln⟩ 1625 Seite 488–493

1.

EH du gehst in dein Beth hinein /
Laß dir / was folgt befohlen sein.
Auff beyde Knie demůthig fall /
Danck Gott vmb sein Gaben all.
Schlag auff / vnd diese Gaben such /
Jm Hertzen / deinem Rechenbuch.

2.

Vmb himlisch Liecht auch bitte sehr /
Daß offenbahr was heimlich wehr.
Das Liecht dir zeigt ohn Kertz vnd Brill /
Was eigen Lieb verberg will.
Wen Gott erleucht / hat scharpff Gesicht /
Solch Augen hat kein Adler nicht.

3.

Laß kommen her bey diese Kertz /
Die Hånd / den Mund / das gantze Hertz.
Thu beyde Augen wacker auff /
Durch alle Winckel hurtig lauff.
Von einer Stundt zur ander geh /
Auff all dein Thun vnd Lassen seh.

4.

Such alles auff / bring alles fůr
Vnder der Banck / hinder der Thůr.
Dein Wort vnd Werck leg auff die Wag /
All dein Gedancken vberschlag.
Der Sůnden zahl auch fleissig merck /
Mit Vnterlassung guter Werck.

5.

Die Sůnd die du gefunden hast /
Bewein / vnd leg bald ab den Last.
Bitt Gott vmb so viel Zeit vnd Frist /
Biß daß gebeicht die Sůnde ist.
Ein Todtsůndt zwar macht greiß graw Haar /
Wer denckt der Sůnden groß Gefahr.

6.

Hie mach ein Fůrsatz starck vnd fest /
Die Sůnd zu meyden auff das best.
Nach Besserung geh Weg vnd Steg /
All Vrsach auß den Fůssen leg.
Sein Beyn brach Hanß auff glattem Eyß /
Bleib du vom Eyß / so bistu weiß.

7.

Jetzt dein Gebett zu GOtt außgieß /   A3a
Vnd also das *examen* schließ.
Thu tåglich Buß vor deine Sůnd /
Was der Beichtvatter dir vergůnnt.
So legt man ab mit kleiner Buß /
Jm Fegfewr was man bůssen muß.

8.

Ein Kesselein da hangen soll /
Deß Heyligen Weywassers voll.
Daß Heylig Creutz mit diesem mach /
Daß von dir weich der hőllisch Drach.
Ein *Agnus Dei,* auch bey dir trag /
Alsdann nichts nach der Hőllen frag.

9.

Nun wann du legst die Kleyder ab /
So denck wie bloß man geh zum Grab.
Lősch auß das Liecht vnd denck dabey /
Wie bald der Mensch gestorben sey.
Geh zůchtig ein: Wol deck dich zu /
Vnd auff dem Creutz ruh mit IESV.

O Lil - gen schne weiß / Auß dem Pa - - - - ra-deyß /

O wie tu - gent - reich / O wie werth zu-gleich /

Gott dem Her-ren sein / Die zwo Lil - - gen fein /

Kein frů - ling / kein Måy / wie frô - lich er sey /
Ein mech - ti - -ge krafft hat der Lil - gen safft /

Hats bracht al - so schon / als da sein die zwen
Kompt jhr Kin - der [fein] last vns frô - lich sein /

S. J - gna - ti - us / vnd Xa - -ue - - - - - - ri - us /
den Lil-gen schne weiß / Singt Lob / Ehr vnd Praiß.

[1.] O Lilgen schne weiß /
Auß dem Paradeyß /
O wie tugentreich /
O wie werth zugleich /
Gott dem Herren sein /
Die zwo Lilgen fein /
    Kein frůling / kein Måy /
    Wie frôlich er sey /
    Hats bracht also schon /   489
    Als da sein die zwen
    S. Jgnatius /
    Vnd Xauerius /

Ein mechtige krafft   488
Hat der Lilgen safft /
Kompt jhr Kinder [fein /]   489
Last vns frölich sein /
Den Lilgen schne weiß /
Singt Lob / Ehr vnd Preiß.

2. O Lielgen schnee weiß /
Voller Ehr vnd Preiß /
Wie riecht jhr so wol /
Von der Lieb gantz vol /
Wie schön scheint herfür /
Ewer Seelen Zier.
     Kein König so reich /
     Der euch es thut gleich /
     Mit Zierd vnd Geschmuck /
     Jn eintzigem stuck /
     So heuffige gnad /
     Euch Gott geben hat.
Viel lieblicher sein /   490
Als Måyblůmelein /
Die gnaden die euch /
Machen also reich /
Darumb jhr jetzt werd /
Von der Welt verehrt.

[3.] O Lielgen so zart /
Wie schön ewer art /
Die Farb mancherley /
Doch so schön darbey /
Daß der helle glantz /   `
Vns erquicket gantz.
     Die Sanfftmuth so groß /
     Die Armuth so bloß /
     Die Lieb also hell /
     Gehorsam so schnell /
     Schön die Reinigkeit /
     Starck die Dapfferkeit.
Auff Erden habt jhr /
Mit grosser begier /

Gottes Ehr allein /
Durch viel Můh vnd Pein /
Dem Nechsten zu gut /
Gsucht mit festem muth.

[4.] O Lielgen / im Feld /
Der Kirchen gestelt /
Euch ehren mit wohn /
China vnd Japon /
Denen jhr [gezeigt] /
Den Weg der Warheit /
    Viel Sůnder / gantz frey /   491
    Fůr so mancherley /
    Des Lebens gefahr /
    Die vor augen war /
    Durch Trůbsal vnd Noth /
    Habt bekehrt zu Gott.
Kein Leiden noch Pein /
Euch schwer scheint zu sein /
Wann nur Gott der Herr /
Wůrd gepriesen mehr /
So groß war die lieb /
Die euch darzu trieb.

[5.] O Lielgen wie klar /
O wie wunderbar /
O wie sůß / wie milt /
Jst doch ewer Schilt /
Der in aller Schlacht /
Euch ein muth gemacht.
    Jn grosser Gefahr /
    Die zu fůrchten war /
    Alle zuuersicht /
    Auff jhn war gericht /
    Dann zu aller stund /
    Er euch helffen kund.
Ein trefflicher Schilt /
Scheint gantz vbergůlt /
Wie ein Fewrflamm /
JESVS ist sein Nahm /

Den das Hertz vnd Mund /
Lobt zu aller stund. 492

6. O Lilgen wie weit /
Hat sich außgebreit /
Ewer süssigkeit /
Die vns all erfrewt /
Der Ketzer List /
Gantz zu wider ist.
    Deßwegen sie euch /
    Hassen alle gleich /
    Weil jhre falsche Wahr /
    Die verzuckert war /
    Von euch wird entdeckt /
    Vnd wol außgelegt.
Was Jammer vnd Leid /
War vns zubereit /
Durch der Ketzer Lehr /
Doch hats Gott der Herr /
Offt zu nichts gemacht /
Durch der Lilgen macht.

7. O Lilgen schneeweiß /
Gott sey Lob vnd Preiß /
Daß er solche Krafft /
Euch allhie verschafft /
Vnd zur Ewigkeit /
Hat den Weg bereit.
    Euch loben thun wir /
    Mit grosser begier /
    Vnd Fürbitter seyd /
    Bey Gott allezeit /
    Daß wir mögen euch /
    Sehn im Himmelreich.
O lieblicher safft / 493
O wundere krafft /
Kompt jhr Kinder fein /
Laßt vns frölich sein /
Den Lilgen schneeweiß /
Singt Lob / Ehr vnd Preiß.

Text und Melodie nach *Catholische Kirchen Gesång ... Cólln: Peter von Brachel 1625;* auch in *Alte Catholische Geistliche Kyrchengesång ... Cólln: Johannes Kreps* [Firma Quentel] *1625* Anhang Blatt 89a–91b. Beide Gesangbücher gehen offensichtlich auf eine gemeinsame Quelle zurück, wohl auf den Elffliederdruck *Gestlicher Triumphwagen ... Cólln: Peter von Brachel 1622,* den vermutlichen Erstdruck des Lieds (vgl. S. 29 Fn. 78). Beider Melodien sind vollkommen identisch notiert, beider Texte weisen dieselben Auslassungen auf.

Die Melodie ist eine schlechte Adaption der schon von Lied 15 benutzten Singweise. Es wurde darauf verzichtet, den Notentext zu emendieren, da außer den beiden genannten Quellen keine spätere für die Melodie zur Verfügung steht. Vermutlich ist in Zeile 3 für die 8. Note eine Minima statt einer Semibrevis zu lesen und in Zeile 5 die Minimapause statt nach der 5. Note hinter die 10. Note zu setzen (vgl. auch den Mensurwechsel in Lied 15).

In beiden Quellen fehlt an zwei Stellen des Textes das Reimwort: 1,15 *kein /,* ergänzt nach 7,15; 4,5 *gezeigt,* ergänzt nach GB Mainz 1628 S. 531 (gleichfalls 4,5). In beiden Quellen und auch im GB Mainz 1628 S. 532 erforderte das metrische Schema in Zeile 6,5 eine Silbe mehr, in Zeile 6,9 eine Silbe weniger. Keine der drei Quellen bietet also eine ganz einwandfreie Fassung.

Lesarten des GB Quentel ⟨Köln⟩ 1625

Kolumnentitel: Catholische gesång vom H. Jgnat. vnd Xauerio.

Ü: Ein anders.

Melodie
(III 2) *b*
(VI 8–12) kein Bogen

Text
(2,18) Vor
(7,13) liebliche
(7,14) wunder

Kritischer Bericht

[4] Melodie
(vor IV 1) - Schlüssel und Vorzeichen irrtümlich eine Terz zu hoch notiert
(vor V 1) - Schlüssel (nicht Vorzeichen) irrtümlich eine Terz zu hoch notiert
Text
(1,7) - Zeilenbeginn mit Initial-ähnlichem Großbuchstaben
(2,7) - Iesv, statt Iesu, ; geändert nach 1,7
(2,8) - Ware statt Wahre; geändert nach 1,8

[9] Melodie
Chor-Einteilung ergänzt nach den aufführungspraktischen Anweisungen
des „NB."
(II 5-8) - ausgeschriebene Wdh. der 1.-4. Note (von Z. 2); die Quelle
schließt nach der 4. Note mit einem Wdh.-Zeichen (hier ersetzt durch einen
Strich durch die oberste Linie); vgl. auch hierzu das „NB."
Text
(1,2 [Kv.]) - das zweite Alleluia wurde ergänzt aufgrund des „NB."

[12] Text
(8,6) - Christ. statt Christ / ; geändert nach 1,6

[13] Text
(1,4-5) [Kv.]) - O Königin! Maria Maria
            O Königin.
statt
            O Königin!
            Maria Maria O Königin.
geändert aufgrund musikalischer Kriterien

[15] Melodie
Chor-Einteilung ergänzt nach Köln 1623 (= B IV 190,1)
(vor IV 1) - irrtümlich zwei Minimapausen statt Semibrevispausen
(vor VII 1) - irrtümlich zwei Minimapausen statt Semibrevispausen
Text
(1,13) - Zeilenbeginn mit Initial-ähnlichem Großbuchstaben, vermutlich Zusammenhang mit der Chor-Einteilung
(2,15) - Himlischen statt Himlischem

[18] Melodie
(vor V 1) - irrtümlich zwei Minimapausen statt Semibrevispausen

[19] Text
(1 ff.) - Wdh. von Z. 7 ausgelassen

[21] Text
(1,3) - der Marginalbuchstabe „A" steht in der Quelle neben der betreffenden Zeile der den Noten unterlegten Anfangsstrophe

vO/122,1 - Text
Constanst. statt Constant.

vO/122,2 - Text
& statt D.

[22] Text
(2 ff.) - Halbzeilen 2 und 4 ergänzt analog 1,2.4; in Str. 3, 5, 8 und 9 wurde der Zeilenschluß-Punkt der ursprünglichen Z. 2 auf die neugebildete Z. 4 übertragen, die neue Z. 3 schließt mit einer Virgel analog 1,3

vO/130,4 - Text
Ciuit. statt Trinit.

[26] Text
(1 ff.) - am Ende von Z. 10 jeweils Punkt statt Virgel

[30] Text
(1,8) - sein / statt sein.

vO/153,21 - Text
en statt ex

[32] Text
(5,8) - Kyrie / Eleyson statt Kyrie Eleyson; geändert nach 1,8

[34] Text
(1 ff.) - Einzug von Z. 2 und 4 beseitigt analog der sonstigen Schreibung von Liedtexten mit vergleichbaren Reimschemata in W^2

[35] Melodie
(II 2) - irrtümlich h statt c'

vO/169,32 - Text
22. statt 2. 2dæ

[37] Text
(2 ff.) - Wdh. von Z. 2 und doppelte Wdh. von Z. 5 ergänzt analog Str. 1; die Zeilen 3 und 7 haben die Interpunktion der ursprünglichen Zeilen 2 und 4, die Virgel bzw. der Doppelpunkt am Ende von Z. 2, 5 und 6 wurde ergänzt analog Str. 1

[38] Melodie
(vor II 1) - irrtümlich zwei Minimapausen statt Semibrevispausen

[39] Text
(1 ff.) - Einzug von Z. 2 und 4 beseitigt analog der sonstigen Schreibung von Liedtexten mit vergleichbaren Reimschemata in W^2

[40] Text
(8,5) - Coniubilemus, &c. statt Coniubilemus.

[43] Text
(1,4 [Kv.]) - O Armut! O Demut!
          O Gott mein Lieb.
statt
          O Armut! O Demut! O Gott mein Lieb.
geändert nach K (Kv. von 59K)

[44] Text
(1) - Wdh. von Z. 5 und 6 ausgelassen

vO/197,5 - Text
Aurea statt Ætas

vO/197,37 - Text
pellicum statt pellium

[46] Text
(1) - Wdh. von Z. 6 ausgelassen

[48] Text
(1 ff.) - Wdh. von Z. 5-6 ausgelassen; in K am Ende von Z. 6 stets Virgel statt Punkt
(3,3) - Schnee. statt Schnee

[49] Text
(1) - Wdh. von Z. 6 ausgelassen
(3-7) - in Z. 2 concio. statt concio,; geändert nach 1,2 und 2,2 sowie K (*49)

vO/215,18 - Text
tom. statt hom.

vO/215,38 - Text
suscipereni statt susciperent

[50] Melodie
(I 6) - ergänzt nach GB Mainz 1628 S. 64
Text
(1,5-6 [Kv.]) - hodie, hodie, natus es rex gloriæ.
statt
          Hodie, hodie,
          Natus est rex gloriæ.
geändert nach K (*50)

[52] Text
(1,4 [Kv.]) - Komma am Zeilenende ergänzt nach K (*52)
(1,5 [Kv.]) - sursum. statt sursum, ; geändert nach K (*52)
(2,2; 3,2) - sursum. statt sursum, ; geändert nach 1,2 und K (*52)

[53] M e l o d i e
Chor-Einteilung ergänzt nach K (*53)

T e x t
(1,5-8) - Kindelein im Stall / mach vns selig all /
            Kindelein im Stroh / mach vns froh.
statt
            Kindelein im Stall /
            Mach vns selig all /
            Kindelein im Stroh /
            Mach vns froh.
geändert nach Str. 11 von K (*53)
(1,6 [Kv]. von *53) - all. statt all: ; geändert nach 11,6 von *53

[55] M e l o d i e
(II) - der der 6.-13. Note unterlegte Text wurde so übernommen, wie ihn
       die Quelle bietet; eine sinnvolle Textunterlegung erscheint hier kaum
       möglich; Köln 1623 (= B I 153) folgt W², alle späteren Quellen vom
       GB Mainz 1628 (auf S. 92) an bringen die Melodie in ungrader Mensur
       und lassen die 8.-12. Note (von Z. 2) weg, so daß sich keine Probleme
       für die Textunterlegung ergeben

[56] M e l o d i e
(I) - zwischen der 9. und der 10. Note haben Köln 1623 (= B I 138) und
      GB Brachel (Köln) 1625 S. 109 ein (doppeltes?) Wdh.-Zeichen, so daß
      dort entweder je die beiden ersten Melodie-/Text-Zeilen oder nur die
      zweite Melodie-/Text-Zeile allein zu wiederholen sind bzw. ist;
      letzteres erscheint auch hier nicht ganz ausgeschlossen

vO/240,2 - T e x t
Philip. 3. statt Philip. 2.

vO/240,5 - T e x t
Philip. 3. statt Philip. 2.

vO/240,25 - T e x t
amandam statt amandum

[60 K] T e x t
(1,6-7 [Kv.]) - Hilariter, hilariter, hilariter,
                   Hilariter, coniubilemus.
statt
                   Hilariter, hilariter, hilariter, hilariter,
                   Coniubilemus.
geändert analog W² (Kv. von 40)

([60 K] T e x t - Fortsetzung)
(8,4) - wåchts statt wåchst

[a1] T e x t

(4 ff.) - Strophennumerierung geändert bzw. neu eingerichtet:
Str. 5 und 6 werden fälschlich als „4." und „5." gezählt, über
Str. 4 und 7-9 steht anstelle einer Zahl ein Paragraphenzeichen

Anmerkungen

a) Zu den deutschen Texten

Die Anmerkungen beschränken sich auf wenige Erläuterungen, die zum Verständnis der Texte notwendig erscheinen. Auf Worterklärungen wurde verzichtet.

(S. 160 Z. 2/3) - Iapheiaphítha mibbeneí adám: Transkription des hebräischen Zitats aus Psalm 45 (44) Vs 3, die lateinische Übersetzung schließt unmittelbar an; das erste Wort erscheint in hebräischer Schrift im Titel von W² (s. S. 20)

(4.1,8)   - manhu: man hū', das alttestamentarische Manna

(30.4,2)   - Brasiletten: frz. bracelet, Armband

(40.7,1   - Agnus Dei: „Von dem Agnus Dei / das ist / von dem alten ge-
60K.4,2   brauch / damit man von langen zeiten her / wáchsene / gesegnete /
a1.8,5)   vnd ronde figuren auff welchen ein Lamb mit eim Creutz stehet /
am halß / oder sonst bey sich tregt." = Kapitelüberschrift des
Handbůchlin / Gottseliger vnd Christlicher vnderrichtung / ... der
Seligster Jungfrauwen Marie Brůderschafft (Köln: L. Alectorius
& J. Soter Erben 1579 S. 355), herausgegeben vom Vorsteher der
von den Jesuiten geleiteten Kölner Sodalität

(*44 [Ü])   - in selbiger Melodey zu singen: bezieht sich auf das in K vorausgehende (Anhang Blatt 1 b) Lied „Parvulus nobis nascitur", dt.
„Uns ist ein Kindlein heut geborn"

(*48.2,6)   - Brůderschafft: gemeint ist sicher die angesehene, von den Jesuiten
gegründete und geführte Kölner Bürgersodalität, die am Dreikönigstag (6. Jan.) 1608 zum erstenmal zusammentrat und die Drei
Könige, die Patrone der Stadt Köln (*48.10,1), zu ihren besonderen Schutzheiligen zählte (vgl. ANDREAS MÜLLER: Die Kölner
Bürger-Sodalität. 1608-1908. Paderborn 1909. S. 13/4)

(*48.3,6)   - Rômerfahrt: öffentliche oder private kölnische Wallfahrt zu den
sieben Hauptkirchen der Stadt (Dom St. Peter, Maria im Kapitol,
Severin, Pantaleon, Aposteln, Gereon Kunibert) nach römischem
Vorbild, während des ganzen Jahrs, vornehmlich in der Quadragesima

(*49 [Ü])	wie oben am 15. blat: Hinweis auf Bl. 15a des Anhangs von K
(49.2,3)	- Triumphwagen: Bühnenwagen im Bild des „Triumphs" (49.2,1) oder „Ritterspiels" (49.3,3)
(57.4,3)	- Klaretten: Klarintrompeten
(*58 [Ü])	- wie am 36. blat: Hinweis auf Bl. 36b des Hauptteils von K
(60K.4,1)	- Roß im Rosen quast: laut Rheinisches Wörterbuch. (...) bearb. u. hrsg. von JOSEF MÜLLER. Bd 6. Berlin 1944. Sp. 1303 wird „Quast" auch in der Bedeutung von „mehreren auf einem Stiel zusammengewachsenen Früchten" gebraucht

b) Zu den lateinischen Texten

Bezüglich der zur Verifizierung der Zitate und Verweisungen benutzten Quellenschriften vgl. Fn. 135.

S. 63 (6) S. *Hieronymus ad Laetam* (über die Erziehung ihrer kleinen Tochter Paula): „Quis hoc crederet, ... ut praesente et gaudente avo, parvulae adhuc lingua balbutiens Christi *Alleluia* resonaret?" (PL 22, 868). „Sic erudienda est anima, quae futura est templum Dei. Nihil aliud discat audire, nihil loqui, nisi quod ad timorem Dei pertinet. Turpia verba non intelligat, cantica mundi ignoret: adhuc tenera lingua, Psalmis dulcibus imbuatur. Procul sit aetas lasciva puerorum: ipsae puellae et pedissequae a saecularibus consortiis arceantur, ne quod male didicerint, pejus doceant" (a. a. O., 871). „Cum avum viderit, in pectus ejus transiliat, collo dependeat, nolenti *Alleluia* decantet" (a. a. O., 872).

S. 63 (7) S. *Basil. l. de Spir. S. c. 7.* (Darf man über den Sohn Gottes das altüberlieferte *cum quo* aussagen, oder ist nur *per quem* richtig?): „Quotquot enim morum constantia, antiquitatis majestatem speciosis novitatibus praetulerunt, ac majorum traditionem citra mutationem conservarunt, tum ruri, tum in civitatibus hac voce utuntur. Caeterum qui consueta fastidiunt, et in vetera tanquam in obsoleta insurgunt, ii sunt qui novitates suscipiunt, quemadmodum in vestimento, qui ornatum amant, novum semper praeferunt communi. Videas itaque etiamnum rusticanae plebis in hac voce morem antiquum: istorum autem artificum, et in verborum pugnis contritorum signata novae sapientiae cauterio verba. Proinde quod a majoribus nostris dictum est, et nos dicimus, gloriam videlicet communem esse Patri ac Filio, quapropter cum Filio glorificationem Patri persolvimus" (PG 32, 94 f.).

S. Chrysost. Hom. in Psal. 41.: „Saepe quoque viatores meridie agentes jugalia animalia hoc faciunt canentes, itineris molestiam illis canticis consolantes. Nec solum viatores, sed etiam agricolae uvas in torculari calcantes, vindemiantes, et vites colentes, et quod-cumque aliud opus facientes, saepe cantant. Nautae quoque remos impellentes hoc faciunt. Jam vero mulieres quoque texentes, et confusa stamina radio discernentes, saepe quidem, et per se singu-lae, saepe autem etiam omnes concorditer unam quamdam melo-diam concinunt. Hoc autem faciunt mulieres, viatores, agricolae et nautae, qui ex opere faciendo suscipitur laborem cantu conso-lari volentes, utpote cum anima, si carmen et canticum audierit, molesta et difficilia sit facilius toleratura. Quoniam ergo hoc genus delectationis est nostrae animae valde innatum, ne daemones las-civa et meretricia cantica introducentes, omnia everterent, Psal-mos Deus opposuit, ut ex ea re simul caperetur voluptas et utilitas. Ex externis enim canticis damnum, et exitium, et multa gravia invehuntur: nam cum quae sunt in his canticis lasciviora et ini-quiora, partibus animae insederint, eam imbecilliorem reddunt et molliorem: ex Psalmis autem spiritualibus lucri quidem plurimum, maxima autem utilitas insignisque sanctificatio, et omnis philo-sophiae occasio processerit, cum et verba animam expient, et sanc-tus Spiritus in canentis animam celeriter advolet" (PG 55, 156 f).

S. Hieronym. epist. 17. ad Marcellam (= die frühere Zählung): „In Christi vero ... villula (= Bethlehem) tota rusticitas, et extra Psalmos silentium est. Quocumque te verteris, arator stivam tenens, alleluia decantat. Sudans messor Psalmis se avocat, et curva attondens vitem falce vinitor, aliquid Davidicum canit. Haec sunt in hac provincia carmina: hae, ut vulgo dicitur, ama-toriae cantationes. Hic pastorum sibilus: haec arma culturae" (PL 22, 491).

S. 64 (8)   *Fons viuus, ignis, Charitas* [usw.]: 3.–4. Zeile der 2. Strophe des Hymnus „Veni creator spiritus, mentes".

S. 68 (13)   *Tertullianus aduersus Praxeam c. 8.:* Das Zitat stellt eine sehr freie Zusammenfassung eines längeren Abschnitts Tertullians dar (vgl. PL 2, 163 f).

S. 76 (24)   *Bellarm. l. 1. de Rom. Pontif.* [usw.]: Robertus Bellarminus, Con-troversia generalis de Summo Pontifice, lib. I., S. 92–154, in: ders., Disputationes de Controversiis christianae fidei, adversus huius temporis Haereticos, Bd. I., Ingolstadt 1587, Tertia contro-versia.

S. 83 (33)   *Lippeloo. 8. Iulij:* Vita et martyrium sancti Chiliani Episcopi ... Ex ea quae integra fide, teste Baronio, in Surio habetur, in: Za-charias Lippeloo, Vitae Sanctorum, Bd. III., Köln 1596, S. 103–

107. Spees Anmerkung faßt diese fünf Seiten sehr kurz zusammen.
Burgunda ist der Name einer „nobilis quaedam matrona".
Surius: Laurentius Surius, De probatis Sanctorum historiis, Bd.
IV., Köln 1579, S. 130–134.
Baronius: Caesar Baronius, Annales Ecclesiastici, Bd. VIII., A.
C. 689.

S. 122 (96) *Niceph. l. 2. c. 3.:* „Trimula cum esset, in templum est praesentata, et ibi in sanctis sanctorum traduxit annos undecim" (Nicephori Callisti Ecclesiasticae Historiae lib. II., c. III., PG 145, 758).

German. Archiepiscopus Constant. usw.: Seine beiden Orationes in praesentationem SS. Deiparae (PG 98, 291–319) erörtern manches Motiv, das sich auch in Spees Lied findet.

Sabellicus lib. 2. exempl. [usw.]: Marcus Antonius Coccius (Sabellicus), Exemplorum libri decem, Straßburg 1509, Buch II., Kap. IV.: „Cuius vitam nullus vnquam satis laudare potuit. ferunt te postea quam ad templum tenera adhuc aetate ducta es, a prima luce ad horam tertiam diei precari solitam, inde ad meridiem honeste & ingenue, puellare aliquod opus obire, atque id serium & conducibile, mox reliquum diei diuinarum litterarum lectioni sedulo impendisse. ita vt quum rite sancteque coelestia curares, humana non omnino despiceres, Marthae & sororis vtrumque munus complexa". Und Kap. IX.: „Nulli pulchrius diurna ratio consistit, quam deipare virgini quae a prima luce ad tertiam diei horam sedulo placando numini vacabat, inde ad meridiem lanificio, mox a cibo qui illi parcissimus fuit, reliquum diei diuinarum rerum lectioni applicabat".

S. Bonauent. in meditat. c. 3.: Bonaventura, Meditationes vitae Christi, in: ders., Opuscula, Paris 1647: „... quousque dum illi Angelus appareret, de cuius manu escam accipere solebat" (S. 352); „De esca quam de manu Angeli accipiebat, ipsa reficiebatur ..." (S. 353).

S. 130 (106) *S. Gregor. homil. 38.:* „Quid, frates charissimi, exprimi per nuptialem vestem putamus? Si enim vestem nuptialem baptisma vel fidem dicimus, quis sine baptismate et fide has nuptias intravit? Eo enim ipso foris est, quo necdum credidit. Quid ergo debemus intelligere nuptialem vestem, nisi charitatem? Intrat enim ad nuptias, sed cum nuptiali veste non intrat, qui in sancta Ecclesia assistens fidem habet, sed charitatem non habet. Recte enim charitas nuptialis vestis vocatur, quia hanc in se conditor noster habuit, dum ad sociandae sibi Ecclesiae nuptias venit" (PL 76, 1287). Noch zwei Spalten lang verbreitet Gregorius sich über das hochzeitliche Kleid und die Liebe, ohne jedoch die „bona opera" auch nur zu erwähnen. Allerdings heißt es: „Sciendum vero est quia sicut in duobus lignis, superiore videlicet et inferiore, vestis texitur, ita in duobus praeceptis charitas habetur, in dilectione scilicet Dei, et proximi (a. a. O., 1288). Aber Gregorius läßt darauf Betrachtungen über die zwei Lieben und über das Wesen der Liebe folgen und schließt nicht auf die Notwendigkeit guter Werke. Wahrscheinlich hat Spee, als er das Wort „Nächstenliebe" las, es sofort nach der Denkungsart des 17. Jahrhunderts als Ansporn zu guten Werken, zur Wohltätigkeit verstanden.

S. Hieron.: „Oleum habent virgines, quae juxta fidem et operibus adornantur. Non habent oleum, quae videntur simili quidem fide Dominum confiteri; sed virtutum opera negligunt" (PL 26, 184).

August. l. 15. de Trinit. c. 18.: PL 42, 1083.

S. Chrys. hom. 30. in Ioan.: „Nam et si quis recte credat in Patrem et Filium et Spiritum sanctum, si recte non vivat, nihil ipsi fides proderit ad salutem" (PG 59, 176).

S. 153 (137) *Cornel. à Lapid. in c. 24. Leuitici:* Cornelius a Lapide, Commentaria in Pentateuchum Mosis, Antwerpen 1616, S. 746: „Meritò autem, inquit Theodor. quaest. 33. blasphemiae aptauit (Deus) legem & poenam homicidij, eiusq́ue reum lapidari iussit, quia blasphemator creatorem cùm interficere non possit, lingua ferit. Vnde S. August. in illud Matth. 26.65 *blasphemauit. Non minùs,* ait, *peccant qui blasphemant Christum regnantem in caelis, quàm qui crucifixerunt ambulantem in terris;* vt non mirum sit, leges omnes ciuiles, canonicas, & diuinas tam seuerè in blasphemos **animaduertere.**

Nota est etiam poena blasphemi Sennacherib, qui ob blasphemiam cum 185. millibus caesus est: sic & Paulus blasphemum tradidit Satanae, 1. Timoth. 1. vlt.

Disce hîc, quantum crimen sit blasphemia, quamq́ue acriter illud puniat Deus, etiam in hac vita. Nam de futura stat sententia Christi: *Omne peccatum & blasphemia remittetur hominibus: spiritus autem blasphemiae non remittetur. Et quicumque dixerit verbum contra filium hominis, remittetur ei; qui autem dixerit contra Spiritum sanctum, non remittetur ei, neque in hoc saeculo, neque in futuro.* Ita blasphemus Pharao, dicens: *Non noui Dominum,* mersus est in mari rubro. Ita Syri dicentes: *Deus montium est Dominus eorum, & non est Deus vallium,* multi à paucis Israelitis in valle praelio caesi sunt, 3. Reg. 20. Ita blasphemus Antichristus deiicietur in tartara, Apocal. 13. 6. & cap. 19. 20. Narrat Greg. Turon. lib. 2. hist. c. 7. & Sidon. lib. 8. epis. penult. quòd cùm Aureliam obsiderent Gothi, Anianus vrbis Episcopus cum clero litanias per muros decantabat: audiens id Sacerdos apud Gothos

caprtuus exclamauit: *cassa spe duceris Aniane, si verbis aduersa-*
rios abigi posse credis: eaedem precationes alijs vrbibus non pro-
fuerunt. Audierunt Sancti, & illico blasphemum vita spoliarunt.
Iulianus apost. in bello persico, diuinitus lancea inter costas percussus, sanguinem suum manu in caelum iaculatus: *Exple*, inquit,
iram tuam Galilaee (ita Christus vocabat.) *Vicisti, vicisti.* ita Sozom. Ruffin. Eutrop. Arrius in Filium Dei blasphemus, aluum
purgaturus, viscera effudit, & expirauit. Nestorij lingua à vermibus erosa est, eò quòd dixisset B. Virginem esse Christiparam,
non Deiparam. Olympius Episc. Arrianus, Carthagine in Elyanen-
sium balneo lauans, cùm Trinitatem publicè blasphemaret, tribus
ictus iaculis, tamquam fulminibus consumptus est, anno Christi
510. testis est Paulus Diaconus lib. 15. in Anastasio. Fredericus II.
Imp. dicebat, *tres fuere insignes impostores, qui humanum genus*
seduxerunt, Moses, Christus, Mahomet; vnde ab Innoc. IV. in
Concil. Lugdun. damnatus, imperióque spoliatus est. Refert hanc
eius blasphemiam Lipsius 1. Polit. 4. Ista vetera, haec nostri sunt
aeui & soli. Haeretici Hallas (oppidum id est prope Bruxellas
statua B. Virginis miraculosa celebre) capere cogitabant. Ex illis
vnus accedens ad vrbem: *Ego*, ait, *meis manibus Hallensi mulier-*
culae (ita vocabat statuam B. Virginis) *nasum abscindam.* Audit
Virgo & procurat vt eidem plumbea glande ex vrbe missa nasus
auferatur. Vixit ille miser, nomine Iohannes Zwickius, fuitque
ipsismet Hollandis assiduo ludibrio multos annos, & fortè etiamnum viuit. res est notissima. Decem sunt anni, ex quo Hollandi B.
Virginis Sichenensis sacellum expilarunt: ab illo tempore Oosten-
dam perdiderunt, omniaque illis infeliciter (cùm priùs feliciter)
cesserunt. Fuit inter eos eques habens equum caecutientem, qui
veniens ad sacellum irridens dixit: *si Maria hic miracula facit,*
illuminet meum equum. Audiit Virgo blasphemum, moxque equo
visum restituit, ipsum verò equitem blasphemum excaecauit. Id
ante mortem, & in morte confessus fuit socius eius, qui ob aliud
crimen Werteti extremo supplicio affectus est, vti ipsemet Weer-
tensis Praetor qui supplicio & quaestioni praefuit, scripsit ad me,
qui tum ad B. Virginem Sichenensem in missione degebam, & mira
Virginis ope manus Hollandorum effugi". Diesem Abschnitt ent-
nahm Spee mithin die Anmerkungen A, B, C, D, E, F und L.
Niceph. l. 18. hist. c. 33.: An der angegebenen Stelle seiner „Ecclesiasticae Historiae" erzählt Nicephorus Callistus Xanthopulus
die Geschichte: „Ut (= wie) dignas vindicta divina poenas exege-
rit ab eis qui contra immaculatam Dei Matrem blasphemam ausi
sunt movere linguam" (PG 147, 394 f).
Damian. epist. 4. c. 13.: Dieser Hinweis muß sich beziehen auf das

271

13. Kapitel („De his, qui Dominum blasphemantes lepra perfusi sunt") von Peter Damians „Opusculum tricesimum sextum" (PL 145, 595 ff; das 13. Kap. auf S. 615 f), das mit dem 17. Brief des 2. Buches von Damians Briefen identisch ist (vgl. PL 144, 287). Auch ältere Ausgaben aus und vor Spees Zeit weisen die gleiche Anordnung auf. Es konnte somit nicht festgestellt werden, auf welche Ausgabe Spees Hinweis sich bezieht.

Iustinianus Imperator. in authen. const. 77.: „Propter talia enim delicta et fames et terrae motus et pestilentiae fiunt ...“; und mit Bezug auf die nächste Anmerkung: „Praecepimus enim gloriosissimo praefecto regiae civitatis permanentes praedictis illicitis et impiis actibus et post hanc nostram admonitionem et comprehendere et ultimis subdere suppliciis ...“ (Corpus iuris civilis, III, Novellae, hrsg. von R. Schoell, 4. Aufl., Berlin 1912, S. 382 – = die 77. Novella!).

Cod. Theod. tit. 2.: In mehreren Ausgaben des „Codex Theodosianus" ließ sich dieser Hinweis nicht eindeutig verifizieren.

S. Vincent. feria 4. post Iudica.: Beati Vincentii, natione Hispani, ... Conciones selectae in Dominicas et Festa Sanctorum, Köln 1675, S. 798: „Domini & rectores si volunt habere pacem, debent corrigere blasphematores. Nota, de Ludouico Rege Franciae, qualiter ipse tales correxit".

Paul. Aemil. l. 7. hist. Franc.: Pauli Aemylii Veronensis Historici clarissimi, de rebus gestis Francorum libri X, Paris 1548, Bl. 311 b: (über den hl. Ludwig IX.) „Qui numinis, diuorumue nomen nefariè aut iureiurando aut execrando usurpabant, eorum fronti candente lamina notam inurebat. Deprecantibus magnis uiris pro quodam eius noxae conuicto, respondit se cupidè id monumentum in fronte gesturum, si ea ratione purgari Francia eo in Deum optimum maximum scelere posset".

S. 159 (A1b) *Toletus:* Franciscus Toletus, De instructione sacerdotum, et peccatis capitalibus libri VIII. Unzählige Auflagen seit 1599. Der Hinweis stimmt.

S. 169 (A6b) *Consil. Hispal. can. 3.:* „Isaias sub una, eademque Christi persona, utramque ostendit naturam. Deitatis ibi. *Numquid qui alios parere facio, ipse non pariam?* Humanitatis vero secundum illud; *Ecce virgo in utero concipiet, & pariet filium.* Rursus Deitatis: *Rorate coeli desuper, & nubes pluant justum.* Humanitatis ibi. *Aperiatur terra, & germinet Salvatorem* (Concilium Hispalense II, anno 657, cap. XIII, in: Lud. Bail, Summa conciliorum omnium, II, Padua 1723, S. 237). NB. Auch Sanctius (siehe unten) verweist auf can. 13., und nicht, wie Spee, auf 3.

Rabbi Akiba: siehe nächste Anmerkung.

Riber. in Aggaeum. c. 2.: Franciscus Ribera, In Librum duodecim
Prophetarum Commentarii, Köln 1610, S. 619, Nr. 31: „Rabbi
Akiba exponebat: Adhuc vnum modicum est, & ego commouebo
coelum, & terram, & adducam desiderium cunctarum gentium";
S. 620, Nr. 33: „Desideratus cunctis gentibus dicitur, quoniam
omnes gentes illius aduentu, & redemptione multum indigebant:
& vnaquaeque res quasi pondere naturae appetit id, quo maximè
indiget".

S. Hieron. Isa. 7.: siehe nächste Anmerkung.

Sanctium ibid.: Caspar Sanctius (= Sanchez), In Isaiam Prophe-
tam Commentarii, Mainz 1616, S. 95, Nr. 24: „Duo vero sunt,
quae inter alia Hebraei nobis obiiciunt: ... Alterum est, hic non
esse בתולה *vethulah,* quae vox *Virginem* sonat, sed עלמה *hhalmah,*
quae *adolescentulam;* & quae non tam statum, aut pudicitiae
florem illibatum, quam aetatem significat. Hanc partem satis
conuellit Hieronymus, dum עלמה *hhalmah,* aliquid addere ostendit
super בתולה *vethulah.* Est enim non solum virgo, (vt de Rebecca
constat, quae virgo erat, quo tempore vocata fuit עלמה *hhalmah,*
Genes. 24. & vt fatetur Hieronymus, lingua Punica, quae ab Hebraica orta est, virgo *Alma* dicitur) sed etiam virgo est, quae non
solum sibi cauet à virorum congressu, sed etiam oculis, adeo vt
neque viris de facie nota sit. Quae summa est Virginis laus, & virginitatis testimonium". Und S. 96, Nr. 31: „... vt nuper vidimus
ex Hieronymo עלמה *hhalmah,* non solum *virginem* significat, sed
etiam *absconditam".*

Not. in 3. cant.: Diese ganze Anmerkung findet sich etwas aus-
führlicher auch bei Seb. Barradas, Commentarii in Concordiam et
Historiam evangelicam, Bd. I., Mainz 1618 (Erstaufl. Coimbra
1599, in Mainz 1609), lib. IV., cap. XIV.: „Paulus ad Hebr. cap.
10. carnem Christi velamen appellat, confertque cum illo velamine, quo Sancta sanctorum fuere in veteri testamento contexta,
optimo quidem iure. Nam quemadmodum velamen illud tabernaculi Mosaici, Sancta sanctorum tegebat, ita caro Christi Sancta
sanctorum, id est, Sanctissimam diuinitatem veluti velabat. Appa-
rebat humanitas, latebat diuinitas, quocirca ab Isaia Deus absconditus appellatur. Velamen tabernaculi, vt scribitur Exod. 26. de
Hyacintho, purpura, coccoque bis tincto, & bysso retorta, opere
plumario, & pulchra varietate, contextum est, velamen Christi, id
est, caro, ex purpureo Deiparae Virginis sanguine, omnem purpu-
ram, coccum, byssum, Hyacinthumque superante, non opere plumario, sed opere Spiritus sancti pulcherrima membrorum varietate, est compositum. Psal. 138. Quo loco habemus: Substantia
mea in inferioribus terrae, hebraicè legitur, רקמתי *ruchamti,* ver-

bum autem רקם racham significat acu pingere, siue intexere varia diuersorum colorum fila, instar phrygionum. hinc ductum videtur verbum Lusitanum, recamar. D. Hieronymus vertit, imaginatus sum, Caietani interpres, acu pictus sum, Pagninus sic locum exponit: Variis membris formatus sum, instar, scilicet, vestis phrygionicae, in inferioribus terrae, id est, in vulua, quae est inferior pars terrae. & Rabbi Dauid: Assimilauit, inquit Psalmographus, opus creationis in variis ossibus, carne, & cute, opere phrygionico, & vuluam matris comparauit cum inferioribus terrae, quia est locus absconditus. Campensis interpretatur: Veluti tapetum, è neruis & venis contextus sum, in vtero matris. Si corpus cuiusuis hominis veluti phrygionica vestis acu pingitur, quid de Christi corpore dicemus? Equidem velum fuit Christi corpus, vestisque pulcherrima, admirabili opere, in vtero Virginis, ex admirabili materia, sanguine videlicet eius purissimo, ab admirabili operatore Spiritu sancto, veluti acu picta, & vt verbo vtar Hebraeo, recamata".

S. Anselm.: Der Hinweis konnte nicht verifiziert werden. Es fällt aber auf, daß Barradas an dieser Stelle nicht auf Anselmus verweist. Hat Spee das eine halbe Seite vorher bei Barradas begegnende Marginale „D. Anselm." versehentlich auf diese Stelle bezogen?

S. 169 (A7a)   *Rabbi Dauid:* Wahrscheinlich Rabbi David ben Joseph Kimchi (1160–1235), der u. a. einen Psalmenkommentar verfaßte.

Campensis: Joannes van Campen, Psalmorum omnium juxta Hebraicam veritatem paraphrastica interpretatio, Paris 1532 (nach: British Museum General Catalogue of Printed Books, Bd. 117, London 1962, S. 90). In dem Enchiridium Psalmorum ex vulgata sive septuaginta interpretum editione. Eorundem ex veritate Hebraica versionem, ac Io. Campensis e regione paraphrasim . . ., Paris 1565, wird der 15. Vers des 139. Psalms folgendermaßen übersetzt: „Non latent te ossa mea, quantumuis in abdito factus sum, & infra humi contextus". Van Campens Kommentar dazu lautet: „Non est vllum os intra me loco tam occulto vt lateat te, quamuis compositus sim totus ego in loco vehementer abditor, & veluti tapetum è neruis & venis contextus sum in vtero matris, loco magis abdito, quàm vllum est antrum terrae".

Pagninus: Santes Pagninus, Veteris et Novi Testamenti nova translatio, Lyon 1528. Bei ihm findet sich die Übersetzung: „instar vestis phrygionicae".

S. Hieron.: Bei ihm findet sich nur die auch von Barradas angeführte Übersetzung: imaginatus sum. Der von Spee mitgeteilte

Wortlaut: ex variis imaginibus contextum, ließ sich nirgendwo nachweisen.

S. Epiphanius: Vita Jeremiae prophetae, et sepulturae locus, in: ders. Liber de vitis prophetarum, PG 43, S. 399: „Idem vero propheta sacerdotibus Aegyptiis signum dedit, ac denuntiavit, omnia illorum esse quatienda simulacra, et quae manu elaborata erant signa ruitura, cum virgo puerpera divino cum infante pedem in Aegyptum posuisset. Nec vana fuit praedictio. (Ob id puerperam virginem hodieque venerantur; et infantem in praesepi jacentem adorant. Cujus rei causam sciscitanti Ptolemaeo regi, responderunt: Mysterium illud est, quod a majoribus accepimus, quodque a sancto propheta est illis editum, cujus nos praestolamur exitum)".

D. Thom. usw.: Der Hinweis stimmt genau.

paradisum puerorum. parte 1. c. 1. §. 6.: Das Werk war unauffindbar.

S. 181 (A12a) *Not. in primam cant. tract. 2.:* Alle Anmerkungen zum ersten Lied des „Ander Tractätl." finden sich fast wörtlich bei Barradas, a. a. O., lib. VII., cap. VI.

S. Gregor. 17. moral c. 9.: PL 76, 20.

D. Thomas . . . 1. p. q. 112. a. 3.: Der Hinweis stimmt.

S. Areopagita. de caelesti hierarch. c. 8.: PG 3, 239.

D. Thom. 3. p. q. 30. a. 2. ad 4.: Der Hinweis stimmt.

S. Bernard super missus est. hom. 1.: PL 183, 57.

Proclus . . . Ephes. c. 7.: PG 65, 686. (Das Zitat reicht bis „. . . Deus erat & homo" einschließlich).

iuxta S. Hieron.: PL 23, 843. Das Wort *Gabar* findet sich allerdings nicht bei Hieronymus, sondern lediglich in Barradas' Text.

S. Gregor. hom. 34. in Euang.: PL 76, 1251.

Augustin. serm. 14. de Nat.: PL 39, 2108. Augustinus behauptet nur: „venit . . . veste coruscans", was Barradas interpretiert als: „corpus fuisse coruscans". Überdies finden sich bei dem letzteren die Worte: „Venit humana effigie, ex aëre assumpto corpore", und etwa eine halbe Seite weiter: „Respondemus, consentaneum fuisse rationi, vt Deum incarnandum, Angelus quodammodo incarnatus, apparenti in corpore nuntiaret".

Laur. Iustinian serm. de annunt.: Divi Laurentii Iustiniani . . . opera omnia, Lyon 1628, S. 409: „insolito fulgore vestitus in humana effigie descendit ad Virginem".

Albertus Magnus super missus: Albertus Magnus, Mariale sive Quaestiones super Evangelium, Missus est Angelus Gabriel, quaest. VI., § 5.: „Angelus iste venire debuit in veste clara, & propter

seipsum nuntiantem, & propter recipientem, & propter nuntia-
tum" (in: ders., Opera, Bd. XX., Lyon 1651). Der ·wörtliche Text
„Legati enim pretiosa . . .", usw. findet sich jedoch wiederum
nicht bei Albertus, sondern bei Barradas, a. a. O.

S. 181 (A12b) *S. Hieron. de nom hcb.:* PL 23, 842.

S. Hieron. epistola 17. ad Marcellam: PL 22, 491.

D. Thom. 1. part. q. 25 a. 6. ad 4.: Der Hinweis stimmt.

S. Bern. hom. 2. super missus est: PL 183, 63 (mit stark abwei-
chendem Wortlaut). Dieses Zitat und das folgende nicht bei Barradas.

S. Bonau. in speculo, c. 6.: Bonaventura, Speculum B. Mariae Virginis, in: ders., Opuscula, Paris 1647, S. 461. Spees Zitat reicht
bis „. . . in virginem Mariam?" einschließlich und ist wörtlich, mit
Ausnahme des Wortes effluentia, an dessen Statt Bonaventura
affluentia liest.

S. 182 *Damasc. serm de Annunt.:* Der Text liest sich bei Johannes Damascenus nicht nachweisen. Bei Barradas (lib. VIII., cap. VII.)
heißt es jedoch: „Virga Iesse (inquit Cardinalis Petrus Dam. in
sermone de Annuntiatione) omnem ignorat nodositatem. Etenim,
omni peccati nodo caruit, omnique pudoris offensione. Vt flos
oritur ex virga; ita Christus natus est ex Virgine. Flos ortus virgam non corrumpit, sed ornat". Spee hat also die Abkürzung
„Dam." fälschlich als Damascenus gedeutet, während es Damianus
heißen soll. Und zweitens hat er übersehen, das das Zitat aus
Damian (vgl. PL 144, 558) nur bis „Etenim" reicht. Das übrige
ist eine Bemerkung des Barradas.

S. Bern Serm. 1. de circumcis.: PL 183, 133; Barr. lib. VIII., cap.
XVIII. Allerdings gehören lediglich die Worte ab „Deiparae" bis
zum Schluß des Zitates zur Predigt des hl. Bernhard; die Worte
„Arbor vt fructum faciat, perdit florem" finden sich bei ihm nicht,
sondern fast wörtlich a. a. O. bei Barradas: „Arboribus pulcher
flos decidit, vt vtilis fructus oriatur".

S. 197 (B6b) *Not. in . . . tract. 3.:* Zum übergroßen Teil finden sich die Anmerkungen zu diesem Traktätlein auch bei Barradas. Die ersten
beiden Absätze fassen die im Text angedeutete Stelle aus Barradas
kurz zusammen.

Canis. [usw.]: Petrus Canisius, Meditationes seu Notae in evan-
gelicas lectiones, I, Meditationes de Dominicis, hrsg. von Fr. Streicher, Freiburg 1939, S. 30.

August. l 4. de Trin. c. 5.: PL 42, 894; Barr., lib. VIII., cap. XI.

Rupert. lib. 3. de diuin. officiis: PL 170, 75; Barr., ebd.

S. Augustin. serm. 18. de Natalitiis: PL 39, 1995; Barr., lib. VIII.,
cap. X.

Barrad. tom. 1. l. 8 c. 10: Der Hinweis stimmt.

Nyssenus orat. de Natiuitate: PG 46, 1130; Barr., ebd.

S. Augustin. l. de vera religione c. 16.: PL 34, 135.

S. 197 (B7a)*S. Bern. serm. 1. de Nat.:* PL 183, 115; Barr., lib. VIII., cap. XVII.

S. Bernar. serm 3. de Nat.: PL 183, 123; Barr., ebd.

S. Bern. serm. 1 in vigil. Nat.: PL 183, 87.

Beda lib.. de locis sanctis, c. 8.: Venerabilis Bedae Presbyteri opera omnia, Bd. III., Köln 1688, Sp. 366; „Bethleem sex millibus in austrum ab Hierosolyma secreta, in dorso sita est angusto ex omni parte vallibus circundato . . ., in cujus Orientali angulo, quasi quoddam naturale semiantrum est, cujus exterior nativitatis Dominicae fuisse dicitur locus, interior Domini praesepe nominatur". Dieser Text findet sich auch bei Barradas, lib. VIII., cap. XIV. Am Anfang desselben Kapitels die Worte „At Bethlehem ab Ierusalem distat, leucis fere duabus".

Baron. tom. 1. annalium: Caesar Baronius, Annales Ecclesiastici, in der Ausgabe Venedig 1738, Bd. I., S. 59. Bei Barradas: lib. VIII., cap. XIV.

Chrysost.: Barradas' Text lautet an dieser Stelle (lib. VIII., cap. XIV.): „Luteum fuisse praesepe existimat Chrysostomus (si tamen Chrysostomus ille est) in Oratione de Natiuitate Christi. Nos, inquit, quasi pro honore, tulimus luteum, & posuimus argenteum, sed mihi pretiosius est, quod ablatum est". Der Hinweis konnte nicht verifiziert werden.

Abacuc. 3.: Nach dem Wortlaut des griechischen Textes in dem 6. Responsorium der Metten vom 1. Januar im Römischen Brevier. Bei Barradas, lib. VIII., cap. XV.

historiae Magister: Barr., ebd. Der Hinweis konnte nicht verifiziert werden.

S. Bern. serm. 3. de Nat.: PL 183, 123.

S. Bonauent. l. de vita Christi c. 7.: Bonaventura, Meditationes vitae Christi, in: ders., Opuscula, Paris 1647, S. 355: „Inuoluit eum in velo capitis sui".

S. Ambros. in Luc.: PL 15, 1568.

S. Bern. serm. 3. de Nat.: PL 183, 124.

Not. in 4. cant.: Auch Barradas (lib. VIII., cap. XIII.) erwähnt alle in diesem Absatz aufgeführten Zeichen, aber er äußert sich sehr kritisch über ihre Authentizität.

D. Thom. 3. p. q 36 a. 3.: Der Hinweis stimmt.

S. Antonin. p. 1. hist. c. 6. §. 10.: Divi Antonini Archiepiscopi Florentini . . . Chronicorum opus, Bd. I., Lyon 1586, S. 193: „In die media circulus aureus apparuit circa solem, & in medio virgo pulcherrima puerum gestans in gremio. Quod Sibylla Caesari ostendit, eique dixit. Hic puer maior te est, & ideo ipsum adora. Auditaque est vox dicens. Haec est ara coeli. Vnde & illa Ecclesia vbi tunc erat palatium Octauiani scilicet in capitolio, & nunc est Ecclesia & conuentus ordinis minorum qui dicitur sancta Maria, ara coeli, hodie". Der ganze Text auch bei Barradas.

S. Bonau. l. de 5. Festiuit. pueri Iesu: „Tres soles apparuerunt in oriente, & paulatim in vnum corpus solare sunt redacti" (In den vorher bereits angeführten „Opuscula": S. 435. Dieser Text findet sich auch in Bonaventuras Opera omnia, Quaracchi 1882 ff, Bd. VIII., S. 95 f. Die übrigen Zitate Spees aus Bonaventura fehlen dort, weil die Herausgeber die angeführten Werke als nicht authentisch verworfen und deshalb nicht aufgenommen haben). Warum Spee in dem Gedicht behauptet: „Die Spannier am Himmel sehn / Zu hauff in ein drey Sonnen gehn" läßt sich aus Barradas erklären, der die oben erwähnte Stelle aus Thomas von Aquino anführt, wo es heißt: „In Hispania apparuerunt tres soles paulatim in vnum coeuntes".

S. 198 (B7b) *Abulensis in prolog. D. Hieron. in c. 7. Genes.:* So buchstäblich bei Barradas, a. a. O. Der Hinweis konnte nicht verifiziert werden.

Eusebius in chronico, anno 42. Augusti: PG 19, 521 f. Barradas weist nachdrücklich darauf hin, daß „Eusebius in chronico, non eo anno, illud signauit, in quem Christi natalis dies incidit, id est, anno 42. Augusti, sed multo ante, id est, anno Augusti tertio".

Niceph. lib. 1. c. 17.: PG 145, 683.

Suarez [usw.]: Franciscus Suarez, Commentarii et Disputationes in tertiam partem D. Thomae, Bd. II., Mainz 1614, q. 35, disp. 13, sect. 3, S. 137: „Verisimilius autem est manus, & brachia B. Virginis fuisse primum locum, quem Christus extra vterum occupauit ... Et quia vix poterat decenti modo fieri, vt ipsamet Virgo nascentem ex se Infantem susciperet, verisimile est, Angelorum ministerio fuisse susceptum, & in manibus Virginis positum". Auch Barradas (lib. VIII., cap. XV.) verweist auf Suarez und er bringt wörtlich den Text, der sich auch bei Spee findet!

S. Vincent. serm. de Nat.: in der oben angeführten Ausgabe, S. 201: „... statim quando Christus fuit natus corpus suum resplenduit sicut sol quando oritur, & nox facta est vt meridies, & ita claruit". Der Text auch bei Barradas, a. a. O.

Beda l. de locis sanctis, c. 8.: a. a. O.: „Petra juxta murum cavata, primum Dominici corporis lavacrum de muro missum suscipiens, hactenus servat". Bei Beda fehlt also das Wort „miraculosè", aber Barradas weiß a. a. O. von „aqua miraculo suppedita".

S. Bonauent. l. de vita Christi, c. 7.: in den bereits angeführten Meditationes, S. 355: „coepit lauare siue linire ipsum per totum cum lacte suo". Barr., a. a. O.: „Bonauent. ... scribit infantem à matre vberum lacte ablutum. ... Ablutum infantem, non lacte, sed aqua ... ex Beda colligimus".

Epiphan. orat. de Virg. Deipara: „Stabulum visum est coelum": PG 43, 502; „tunc etiam ... in excelsis": ebd., 499. Barr., lib. VIII., cap. XVIII.

Gregor. Nyss. Orat. de resurrect.: PG 46, 603: „Itaque cum nulla concipiendi voluptas antecesserit, ne pariendi quidem dolor est subsecutus". Spees Wortlaut aber buchstäblich bei Barradas, lib. VIII., cap. XV.

Gregor. Arelat. hom. 2.: Barradas, lib. VIII., cap. XVIII., verweist auf „S. Hilarius Arelatensis homil. 2.". Der Hinweis konnte nicht verifiziert werden.

S. Vincent. supra: a. a. O., S. 201: „Tunc subito vbera virginis fuerunt plena lacte, de coelo sibi misso". Spees Text wiederum wörtlich bei Barradas, lib. VIII., cap. XV.

S. 215 (B12b) *S. Gregor. in c. 38. Iob.:* PL 76, 468; Barr., lib. VIII., cap. XIX.

Theophylact.: PG 123, 723; Barr., ebd.: „Pastoribus (ait Theophylactus) apparet Angelus, propter simplicitatem, & innocentiam morum, & quod iustorum vitam imitari videantur. Etenim prisci patriarchae pastores erant, &c. Videlicet, humiliter natus Dominus humilibus, non superbis indicatur. Ambrosius serm. 9. Pastores primi ante omnes homines, Saluatoris ortum, intimantibus Angelis cognoverunt". Bei Theophylactus findet sich dieser Text bis zum „... pastores erant" einschließlich. Der Hinweis auf Ambrosius bezieht sich lediglich auf den letzten Satz, aber in der nächstfolgenden Anmerkung schreibt Spee auch den Satz „humiliter natus ..." Ambrosius zu. Das ist unrichtig; es handelt sich um eine Zwischenbemerkung des Barradas.

Ambros. serm. 9.: siehe die vorhergehende Anmerkung. (Der Text „Pastores primi ...": PL 17, 613).

S. Hieron. epistol. 27.: PL 22, 886; Barr., ebd.

Caelius [usw.]: Der Hinweis konnte nicht verifiziert werden. Bei Barradas (lib. IX., cap. VIII.) heißt es: „Vnde Caelius libro 9. lectionum antiquarum, ca. 23. Qui accuratius (inquit) ista introspicere enixi sunt, Magiae fastigia duo deprehenderunt. Alterum infame est, atque immundorum spirituum commerciis inauspicatum; reliquum non fere aliud est, quam naturalis philosophiae apex". Mit den Worten „posterioris generis fuere hi tres" faßt Spee kurz einen Absatz aus Barradas zusammen.

Niceph. l. 1. c. 13.: PG 145, 670; Barr., lib. IX., cap. VIII.

Aristot. in Magico et Sotion: Barradas verweist a. a. O. auf die Philosophengeschichte des Diogenes Laertius, wo es I, 6 ff heißt:

„Magos deorum vacare cultui, et preces illis ac vota et sacrificia, quasi soli ab iis exaudiantur, offerre: de deorum natura et generatione disserere, quos et ignem et terram et aquam esse arbitrentur; signa statuasque reprehendere, et eorum inprimis qui mares esse deos ac feminas dicunt, errores improbare: de justitia verba facere, iniquumque arbitrari atque impium igni sepelire: justum matri ac filiae misceri, ut in vicesimo tertio libro ait Sotion: divinationem praeterea praedictionemque exercere, sibi deos apparere asserentes: plenum esse spectris aerem, quae tenuiter veluti ex evaporatione acute cernentium oculis influant: exteriorem cultum atque auri usum interdicere. His autem vestis candida, lectus humus, esca olus, caseus panisque cibaria erant: arundine pro baculo utebantur, qua figentes, ut narratur, de caseo frusta tollebant et vescebantur. Magicarum illos praestigiarum ignaros ait Aristoteles in libro quem inscripsit Magicum . . .“. In: Fragmenta Aristotelis, hrsg. von Aem. Heitz, Paris 1886, S. 67 f (= Aristoteles, Opera omnia, Paris 1848 ff, IV 2).

D. Maximus: PL 57, 274; Barr., lib. IX., cap. XI.

à Chrysost. hom. 6. Et ab auctore imperfecti operis. hom. 2. vt est in versu 2. depingitur: „Der Stern wird von Chrysostomus und dem Verfasser des unvollendeten Werkes geschildert, wie es in der zweiten Strophe geschieht". Das bezieht sich also auf die zweite Strophe auf Bl. B10b. Für die einschlägigen Texte des Chrysostomus vgl. PG 57, 64 f; für das Opus imperfectum: PG 56, 638; Barr., lib. IX., cap. IX.

Suarez tom. 2. in 3. p. disp. 14. sect. 3.: Muß heißen: tom. 2. in 3. p., q. 36., disp. 14., sect. 4. In der oben angeführten Ausgabe auf S. 151: „Magos peruenisse Bethlehem decimo tertio die post Christum natum" und „Die quo natus est Christus, illi stellam in Oriente viderunt".

S. Bonau. l. de vita Christi c. 9.: a. a. O., S. 358; Barr., lib. IX., cap. X.

Nazian. orat. 16.: PG 35, 886; Barr., lib. IX., cap. XV.

S. 215 (C1a) *S. Hieron. Matth. 2. ex Iuuenco:* PL 26, 26; Barr., lib. IX., cap. X.

S. Hieron. ad Furiam: Der angeführte Text ließ sich nicht bei Hieronymus, sondern nur bei Barradas (lib. IX., cap. XV.) nachweisen, der allerdings wenige Zeilen weiter für ein anderes Zitat auf Hieronymus verweist. Wiederum mag Spee Barradas falsch gelesen haben und dessen eigene Ausführungen als ein Zitat aus Hieronymus betrachtet haben.

D. Thom. [usw.]: Der Hinweis stimmt; Barr., lib. X., cap. XIII.

S. Chrysol. serm. 3. de innoc.: PL 52, 606; Barr., ebd.

S. Chrysol. serm. 4.: PL 52, 607 f; Barr., ebd.

280

S. Fulgent. serm. de Epiphan.: PL 65, 735; Barr., ebd.

S. Cyprian. epistol. 56. ad Thibaritanos: PL 4, 354; Barr., ebd.

S. Aug. serm. 3.: PL 39, 2152; Barr., ebd. Es fehlt bei Barradas das Wort „beatis", das sich bei Augustinus allerdings findet.

S. 240 (C11b) *ad Philip. 2.:* Spee selber schreibt zweimal: Philip. 3. Auch in der Vulgata findet man jedoch die beiden Texte in Phil 2,7.

Pet. Damian. serm. 1. de excellentiis Iois: In Damians Sermones in Nativitate S. Joannis Baptistae (PL 144, 627–646), die in einigen Ausgaben des 17. Jahrhunderts als Sermones de excellentia S. Joannis Baptistae bezeichnet werden, ließ sich dieses Zitat nicht nachweisen. Es begegnet aber ein Exkurs über den Bibeltext „Venter ejus eburneus, distinctus sapphiris" in einer Predigt über den Apostel Johannes (ebd., 680.).

Gregor. Mastrilli. discursu in illud: Stabat Mater Iesu: Gregorius Mastrilli, Concionum sive sermonum de sacratioribus Christi Mysteriis tomus singularis. Olim Italice, nun Latine scriptus a R. P. Iacobo Canisio, Köln 1624. Das von mir eingesehene Exemplar war eingebunden hinter dem Werk: Gregorius Mastrilli, Conciones de sacratioribus Christi D. N. Mysteriis: Passione, Morte & Resurrectione, usw. usw., Köln 1624. Auf S. 220 folgender Text: „Nec eò tantum mulieris eam titulo dignatus sum (Isidorus), verùm etiam vt vim mirabilem illius indicarem, quâ praestat in emolliendo flectendóque irato Numine; Mulier enim quasi molliens herum; vultis ne huius rei experimentum? Deus principio dicebatur *Dominus terribilis & faciens prodigia,* sed postea, *Pater misericordiarum & DEVS totius consolationis.* Primò haec mandata dabat, *qui blasphemauerit nomen Domini morietur;* postea, Consputus, flagellatus, crucifixus, ait, ignosce illis. Quemadmodum cedrus aliqua amarum malum citreum in vas sacchari plenum immersum totum in dulcedinem vertitur, totumque mite fit ac tenerum, ita DEVS in ventre virginali". Weil Canisius' lateinische Übersetzung erst im Jahre 1624 herauskam und man sich überdies fragt, wieso Spee die Worte „amarum malum citreum" durch „cynnamomum" hätte ersetzen können, dürfte es wahrscheinlich sein, daß er den italienischen Text gelesen hat. Auch das Wort „discursus" weist in derselben Richtung, da der ursprüngliche italienische Titel Discorsi del P. Gregorio Mastrilli lautet.

S. Aug. serm. vlt. de temp.: PL 38, 1473.

Albertin. im WeltTummel: Aegidius Albertinus, Der Welt Tummel- vnd Schaw-Platz, Augsburg 1612, S. 891: „Dann wie die Kaufleut jhre köstliche Waaren in etwan ein grobe Leinwat einwicklen / vnd wenig darnach fragen / daß solche Leinwat im Windt / Regen vnd Koth vmbgezogen oder zerrissen wirdt / son-

der fürnemblich dahin sehen / daß die darin verhandene köstliche
Waaren gantz vnd vnversehrt bleiben / Also vnd ebner gestalt hat
Gott dem Menschen den Leib / oder das Fleisch gegeben / als einen
verächtlichen groben Sack / der die köstliche Seel begreifft".

D. Th. 3. p. q. 1. a. 3.: Der Hinweis stimmt.

S. Bern. serm. 1. de Nat.: PL 183, 119.

S. Ambros. praef. Psal. 35.: PL 14, 953; Barr., lib. IV., cap. XIV.

S. 240 (C12a) *Clemens Papa in extrau. Vnigenitus. de poenis & remiss.:* „Non
enim corruptibilibus auro & argento, sed sui ipsius agni incontaminati, & immaculati precioso sanguine nos redemit: quem in
ara crucis innocens immolatus non guttam sanguinis modicam,
quae tamen propter vnionem ad verbum pro redemptione totius
humani generis suffecisset, sed copiose velut quoddam profluuium
noscitur effudisse" (Extravagantes communes, lib. V., tit. IX.,
cap. II.; in: Corpus iuris canonici, Lyon 1606). Auch Barradas
(lib. IV., cap. XIV.) führt diesen Abschnitt an, aber er fügt am
Rande hinzu: „Gutta vna Sanguinis satis ad redemptionem fuisset".

S. Bern. serm. 3 de Nat: PL 183, 125.

S. Bernard. serm. 20. in cant.: PL 183, 868.

S. Aug. tract. 7. in epist. Ioan: PL 35, 2032.

S. Hier. in c. 3. epistol. ad ephes.: PL 26, 484; Barr., lib. IV.,
cap. XII.

S. Bern. serm. 1. de Aduentu: Bei Bernardus nur die Worte „induit se laterna quadam" (PL 183, 39). Bei Barradas (a. a. O.)
heißt es jedoch: „Induit se Saluator laterna quadam ... Quemadmodum ergo lucerna in laterna latens, ex luce, quam emittit foras,
sol quoque in nube abditus ex radiis quibus nubem illustrat,
agnoscitur, sic verbum carne tectum, & in illa latens, ex luce miraculorum, radiisque summae gloriae agnoscebatur".

in dialogo Platonis: Platon, Symposion, 216d.

Nazian. orat. 28.: PG 35, 1243.

Die Herkunft der Melodien

Für folgende Liedmelodien konnte keine frühere Quelle als *K* resp. *W¹* resp. *W²* ermittelt werden: 6–10, 12, 14–16, 18, 20–21, 29–31, 47–48, 53, 55. Die nachfolgend aufgeführten Liedmelodien sind nachweislich älteren Ursprungs; jeweils verzeichnet sind der ältere Text, mit dem die Melodie ehedem (zumeist) verbunden war, und die erste gedruckte katholische Liedpublikation, in der sie mit dem genannten älteren Text auftreten:

1 *Veni creator spiritus mentes*
   liturgischer Hymnus

2 O *lux beata trinitas*
   liturgischer Hymnus

3 *Pange lingua gloriosi corporis*
   liturgischer Hymnus

4 aus: *Adoro te devote latens deitas*
   GB Köln 1620 (mit dt. Übers.)
   GB Haefacker ⟨'s-Hertogenbosch⟩ 1621 (mit ndl. Übers.)

5 *Nun lobet Gott im hohen Thron* (Ps. 116)
   Ulenberg-Psalter ⟨Köln⟩ 1603
   ref.:
   De tout mon coeur t'exalterai (Ps. 9)
   GB Genf 1542

11 *Te deum laudamus*
    liturgischer Hymnus

13 nach: *Wohlauf zu Gott mit Lobesschall*
    GB München 1586

17 *Graces au bon petit Jésus*
    GB Brugge (van Bauhuysen SJ?) 1609
    weltl.:
    Quand la bergère va aux champs
    P. Certon: *Premier livre de chansons*, Paris 1552

19 *O ihr Heiligen, Gottes Freund*
    GB Innsbruck 1588

22 *Weest gegroet maget Maria verheven*
    GB Brugge (van Bauhuysen SJ?) 1609

23 *O Christ, hab acht der lieben Zeit*
GB Andernach ⟨Köln⟩ 1608 und GB Brachel ⟨Köln⟩ 1619
ferner:
Betracht mit Fleiß, o frommer Christ
GB Brachel ⟨Köln⟩ 1619
weltl.:
Fröhlich bin ich aus Herzengrund
vgl. Böhme 638, Erk/Böhme III 1998

24 *Freu dich, du werte Christenheit*
GB München 1586

25 *Wer Ohren hat zu hören*
GB Konstanz 1607

26 *O Herr mein Gott, in dieser Not* (Ps. 60)
Ulenberg-Psalter ⟨Köln⟩ 1582

27 *Ach Jesu, lieber Herre*
GB Quentel ⟨Köln⟩ 1599

28 *Christ spricht zur Menschenseel vertraut*
GB Paderborn 1609
luth.:
O Herre Gott, dein göttlichs Wort
GB Erfurt 1527
ferner:
Nun lob, mein Seel, den Herren
J. Kugelmann: *Concentus*, Augsburg 1540

32 *Gelobt sei Gott der Vater*
GB München 1586 (andere Lesart)

33 *Conditor alme siderum*
liturgischer Hymnus

34 *Gelobet seist du, Jesu Christ*
GB Vehe ⟨Leipzig⟩ 1537

35 *Es kam ein Engel hell und klar*
GB Leisentrit ⟨Bautzen⟩ 1567
luth.:
Vom Himmel hoch, da komm ich her
GB Schumann ⟨Leipzig⟩ 1539

36 *In natali domini*
(dt. *Zur Geburt des Herren Christ*)
GB Andernach ⟨Köln⟩ 1608

37 *Nobis est natus hodie*
(dt. *Christus ist uns geboren heut*)
Chr. Schweher: *Cantiones*, Nürnberg 1561

38 *Ave Maria gratia plena, so grüßen die Engel*
GB Quentel ⟨Köln⟩ 1615

39 *Ecce nova gaudia*
GB Paderborn 1616 (andere Lesart)
identisch mit Zeile 1–2 von Melodie 60K

40 *Ecce nova gaudia*
GB Paderborn 1616

41 *Puer natus . . . laetamini*
(dt. *Ein Kind geborn zu Bethlehem . . . freuet euch*)
GB Quentel ⟨Köln⟩ 1599

42 *Puer natus . . . in hoc anno*
(dt. *Ein Kind geborn zu Bethlehem in diesem Jahr*)
GB Quentel ⟨Köln⟩ 1599

43 *Puer natus . . . amor . . . quam dulcis est amor*
(dt. *Ein Kind geborn zu Bethlehem . . . o Lieb*)
GB Quentel ⟨Köln⟩ 1599 und GB Quentel ⟨Köln⟩ 1615

44 *Parvulus nobis nascitur*
(dt. *Uns ist ein Kindlein heut geborn*)
GB Paderborn 1609

45 *Uns ist geborn ein Kindelein klein*
GB Quentel ⟨Köln⟩ 1615

46 *Puer natus . . eia, eia*
GB Paderborn 1616

49 *Puer natus . . . laetetur concio*
(dt. *Ein Kind geborn zu Bethlehem, laetetur concio*)
GB Quentel ⟨Köln⟩ 1615 und GB Brachel ⟨Köln⟩ 1619

50 *Nun laßt uns singen, dann es ist Zeit*
GB Paderborn 1609

51 *Puer natus . . . amor . . . o quantus est amor*
GB Paderborn 1609

52 *Puer natus . . . qui regnabat sursum*
GB Paderborn 1609 (Zeile 1–3) und *K*: Melodie *52 (Zeile 4–8)

54 *In dulci iubilo*
GB Vehe ⟨Leipzig⟩ 1537 und GB Andernach ⟨Köln⟩ 1608 (andere Lesarten)

56 aus: *Diei solemnia, fulget dies*
    (dt. *Gegrüßt seiest du, o Jesulein*)
    GB Konstanz 1613
       Weiterbildung des liturgischen Hymnus *Fit porta Christi pervia*
       In GB Konstanz 1613 vierstimmiger Satz in zwei Teilen: Melodie 56
       ist identisch mit Zeile 1–4 des Tenors von Teil 2 *Qui tecum in perpe-*
       tuum, fulget dies

57 *Laßt uns das Kindlein wiegen*
    Achtliederdruck München 1604

60K *Ecce nova gaudia*
     GB Paderborn 1616 (andere Lesart)

a2 aus: *O Ros, schöne Ros* = Melodie 15 (*W1*)

Schematischer Vergleich

der Textfassungen der gleichzeitig in W^1 und X bzw. W^2 und K erscheinenden Lieder und ihrer Strophen

23			25			26	
W^1	X		W^1	X		W^1	X
1 = 1			1 = 1			1 = 1	
2 = 2			2 = 2			2 = 2	
3 = 3			3 = 3			3 = 3	
4 = 4			4 = 4			4 = 4	
5 = 5			5 = 5			5 = 5	
6 = 6			| 6				
			6 = 7				
			7 = 8				
			8 = 9				
			9 = 10				

44		45		47		48		49	
W^2	K	W^2	K	W^2	K	W^2	K	W^2	K
1 = 1			1	1 = 1		1 = 1		1 = 1	
2 = 2		1 = 2		2 = 2		| 2		2 = 2	
3 = 3		2 = 3		3 = 3		2 = 3		3 |	
4 = 4		3 = 4		4 = 4		3 = 4		| 3	
5 = 5		4 = 5		5 = 5		4 = 5		| 4	
6		5 = 6		6 = 6		5 = 6		4 = 5	
7		6 = 7		7 = 7		6 = 7		| 6	
8		7 = 8		8 = 8		7 = 8		| 7	
			9	9 = 9		9		| 8	
						10		5 = 9	
								6 = 10	
								7 |	
								11	

50		52		53	
W^2	K	W^2	K	W^2	K
1 =	1	1 =	1		1
2 =	2	2 =	2	1 =	2
3 =	3		3	2 =	3
4 =	4		4	3 =	4
5 =	5		5	4 =	5
6 =	6	3 =	6	5 —	6
7 =	7		7		7
8 =	8	4 =	8		8
9 =	9	5	9		9
10 =	10	6	10	6 =	10
			11		11
		7 =	12		
		8 =	13		

Kompliziertere Verhältnisse ergeben sich beim Vergleich der Lieder 41, 42 und 43 mit 58K und 59K, der deshalb je einmal von der Strophenfolge von W^2 bzw. K ausgehend vorgeführt werde:

W^2	K		K	W^2		K	W^2
41.1 =	58K.1		58K.1 =	41.1		59K.1 nicht in W^2	
2 =	9		2 =	5		2 =	43.2
3 =	10		3 =	6		3 =	3
4 =	11		4 =	7		4 =	4
5 =	2		5 =	42.2		5 =	5
6 =	3		6 =	3		6 =	6
7 =	4		7 =	4		7 =	7
8 nicht in K			8 =	5		8 nicht in W^2	
42.1 nicht in K			9 =	41.2		9 =	43.12
2 =	58K.5		10 =	3		10 nicht in W^2	
3 =	6		11 =	4		11 nicht in W^2	
4 =	7		12 nicht in W^2			12 =	43.13
5 =	8		13 =	43.8			
6 nicht in K			14 =	9			
43.1 nicht in K			15 nicht in W^2				
2 =	59K.2		16 =	43.10			
3 =	3		17 nicht in W^2				
4 =	4		18 =	43.11			
5 =	5						
6 =	6						
7 =	7						
8 =	58K.13						
9 =	14						
10 =	16						
11 =	18						
12 =	59K.9						
13 =	12						

Sigel und Abkürzungen

K	Quelle Köln 1621 (siehe S. 16)
W[1]	Quelle Würzburg 1621 (siehe S. 17)
W[2]	Quelle Würzburg 1622 (siehe S. 20)
X	Quelle Würzburg 1621 (siehe S. 19)
Köln 1623	Außerlesene, Catholische, Geistliche Kirchengesäng ... Cölln: Peter von Brachel 1623

B	WILHELM BÄUMKER: Das katholische deutsche Kirchenlied in seinen Singweisen. Bd 1–4. (4: Hrsg. von JOSEF GOTZEN.) Freiburg i. Br. 1883–1911
PG	Patrologia graeca (MIGNE)
PL	Patrologia latina (MIGNE)

GB	Gesangbuch
Kv.	Kehrvers
M	Melodie
T	Text
TM	Text und Melodie
Ü	Überschrift
Wdh.	Wiederholung
Z.	Zeile

*25	ein Sternchen vor der Editionsnummer bedeutet: ältere oder parallel erschienene Melodie- und/oder Textfassung, nicht oder nicht vollständig in den Editionstext aufgenommen, über den Lesartenapparat des unter dieser Nummer edierten Lieds (hier: unter Lied 25) aufzusuchen
III 7	(im Lesartenapparat und im Kritischen Bericht, auf die abgedruckte Melodie bezogen:) die römische Ziffer bezeichnet die Druckzeile (hier: die 3. von oben), die arabische Ziffer die Note (hier: die 7. von links) der Melodie-Übertragung

Verzeichnis der Textanfänge

(Die Anfänge derjenigen Lieder, die nicht vollständig im Editionstext erscheinen, sind kursiv gesetzt.)